INCORPORAÇÃO DE NOVAS TECNOLOGIAS EM CONTRATOS DE CONCESSÃO

ESTUDO DE CASO DO SETOR RODOVIÁRIO PAULISTA

RONALDO JOSÉ DE ANDRADE

Prefácio
Guilherme Jardim Jurksaitis

Apresentação
Vera Monteiro

INCORPORAÇÃO DE NOVAS TECNOLOGIAS EM CONTRATOS DE CONCESSÃO

ESTUDO DE CASO DO SETOR RODOVIÁRIO PAULISTA

Belo Horizonte

FÓRUM
CONHECIMENTO JURÍDICO

2022

© 2022 Editora Fórum Ltda.

É proibida a reprodução total ou parcial desta obra, por qualquer meio eletrônico, inclusive por processos xerográficos, sem autorização expressa do Editor.

Conselho Editorial

Adilson Abreu Dallari
Alécia Paolucci Nogueira Bicalho
Alexandre Coutinho Pagliarini
André Ramos Tavares
Carlos Ayres Britto
Carlos Mário da Silva Velloso
Cármen Lúcia Antunes Rocha
Cesar Augusto Guimarães Pereira
Clovis Beznos
Cristiana Fortini
Dinorá Adelaide Musetti Grotti
Diogo de Figueiredo Moreira Neto (*in memoriam*)
Egon Bockmann Moreira
Emerson Gabardo
Fabrício Motta
Fernando Rossi
Flávio Henrique Unes Pereira
Floriano de Azevedo Marques Neto
Gustavo Justino de Oliveira
Inês Virgínia Prado Soares
Jorge Ulisses Jacoby Fernandes
Juarez Freitas
Luciano Ferraz
Lúcio Delfino
Marcia Carla Pereira Ribeiro
Márcio Cammarosano
Marcos Ehrhardt Jr.
Maria Sylvia Zanella Di Pietro
Ney José de Freitas
Oswaldo Othon de Pontes Saraiva Filho
Paulo Modesto
Romeu Felipe Bacellar Filho
Sérgio Guerra
Walber de Moura Agra

Luís Cláudio Rodrigues Ferreira
Presidente e Editor

Coordenação editorial: Leonardo Eustáquio Siqueira Araújo
Aline Sobreira de Oliveira

Av. Afonso Pena, 2770 – 15º andar – Savassi – CEP 30130-012
Belo Horizonte – Minas Gerais – Tel.: (31) 2121.4900 / 2121.4949
www.editoraforum.com.br – editoraforum@editoraforum.com.br

Técnica. Empenho. Zelo. Esses foram alguns dos cuidados aplicados na edição desta obra. No entanto, podem ocorrer erros de impressão, digitação ou mesmo restar alguma dúvida conceitual. Caso se constate algo assim, solicitamos a gentileza de nos comunicar através do *e-mail* editorial@editoraforum.com.br para que possamos esclarecer, no que couber. A sua contribuição é muito importante para mantermos a excelência editorial. A Editora Fórum agradece a sua contribuição.

Dados Internacionais de Catalogação na Publicação (CIP) de acordo com a AACR2

AN553i	Andrade, Ronaldo José de
	Incorporação de novas tecnologias em contratos de concessão : estudo de caso do setor rodoviário paulista / Andrade, Ronaldo José de .– Belo Horizonte : Fórum, 2022.
	96p.; 14,5cm x 21,5cm. ISBN: 978-65-5518-251-4
	1. Direito Administrativo. 2. Tecnologia. I. Título.
	CDD: 341.3 CDU: 342.9

Elaborado por Daniela Lopes Duarte - CRB-6/3500

Informação bibliográfica deste livro, conforme a NBR 6023:2018 da Associação Brasileira de Normas Técnicas (ABNT):

ANDRADE, Ronaldo José de. *Incorporação de novas tecnologias em contratos de concessão: estudo de caso do setor rodoviário paulista*. Belo Horizonte: Fórum, 2022. 96p. ISBN: 978-65-5518-251-4.

A Geraldo José de Andrade (pai) e Vera Maria Galvão Alves (prima e madrinha) in memoriam.

AGRADECIMENTOS

A publicação desta obra assinala o resultado final de todo o caminho acadêmico percorrido desde a iniciativa de frequentar um programa do mestrado profissional de excelência, como proposto pela Escola de Direito da Fundação Getulio Vargas, cujo ingresso foi caminho natural ao encerrar o curso de especialização em Direito Administrativo, e resultado do encantamento pela metodologia empregada pela FGV-EDESP nos cursos por ela promovidos. Inegável que o desenvolvimento do programa exige dedicação para o seu pleno atendimento, com o cumprimento dos créditos e a realização da pesquisa, sempre regrado com a necessária disciplina que permita conciliar as atividades acadêmicas com as demais atividades profissionais e institucionais deste autor.

Noites e madrugadas diversas às voltas com leituras, pesquisas e as escritas; feriados e finais de semana longe de atividades corriqueiras junto ao convívio familiar ou dos amigos, pessoas especiais às quais dedico gratidão por toda a energia que emanaram a distância nessa jornada.

Mas ao fim e ao cabo, o esforço foi extremamente gratificante. A oportunidade de conviver nesses dois longos anos com colegas que somente engrandeceram a exploração de toda a grade curricular e frequentar disciplinas ministradas por um rol de discentes dedicados e qualificados e o enriquecimento acadêmico aí propiciado formam um conjunto de valor inestimável.

Ficam aqui a todos os meus agradecimentos.

À Providência, acima de tudo, fonte de inspiração e apoio nos momentos de reflexão solitária.

Ao Prof. Doutor Mário Engler, pela maestria na condução do programa de mestrado profissional em Direito da FGV-EDESP.

Aos ilustres mestres Professor Doutor Carlos Ari Vieira Sundfeld, Professor Doutor Jacintho Arruda Câmara e Professora Doutora Tarcila Reis Jordão, Subsecretária de Parcerias do Estado de São Paulo, meus eternos agradecimentos pelo profundo exame do texto então apresentado na banca de qualificação e pelas sugestões e críticas ali formuladas, bem como pela oportunidade final de debates na oportunidade da banca de defesa da dissertação.

À Professora Doutora Vera Monteiro, docente sem par, de mente arrojada, pelos *insights* fenomenais e fundamentais para o desenvolvimento e conclusão deste projeto sob a sua orientação, pela generosidade das palavras lançadas na apresentação desta obra e pela fraterna e profunda amizade nascida ainda no curso do programa de especialização, também pela Fundação Getulio Vargas, a mais profunda gratidão.

Ao querido Professor e amigo, Doutor Guilherme Jardim Jurksaitis, que prontamente assentiu em prefaciar a obra, pelo seu olhar atento ao seu conteúdo e pelas suas palavras sempre gentis e estimulantes, muito obrigado e fraterno abraço.

Enfim, guardo a expectativa de que a obra ora apresentada possa contribuir com reflexões acadêmicas e aplicações práticas por quaisquer interessados no salutar tema das atualizações e inovações tecnológicas dos serviços públicos concedidos e estimular estudos análogos em outros setores.

Numa observação mais profunda, a normalidade parece constituída de constelações de indeterminações.

(Raffaele De Giorgi)

SUMÁRIO

PREFÁCIO
Guilherme Jardim Jurksaitis 13

APRESENTAÇÃO
Vera Monteiro 17

    Introdução 19
1   Contextualização fática e jurídica do tema das inovações tecnológicas no setor público 23
2   Tratamento dado ao tema das novas tecnologias nos contratos assinados da quarta rodada do programa de concessões paulista 28
2.1   Expressões *atualidade* e *atualização tecnológica* em EixoSP, ENTREVIAS e VIAPAULISTA 30
2.2   *Inovações tecnológicas* em EixoSP, ENTREVIAS e VIAPAULISTA 35
2.3   Adequação tecnológica em EixoSP, ENTREVIAS e VIAPAULISTA 36
2.4   *Evolução tecnológica* em EixoSP, ENTREVIAS e VIAPAULISTA 37
2.5   *Outras exigências* de atualização tecnológica nos contratos analisados ... 37
2.5.1   Atualização tecnológica em decorrência de *demais exigências* em EixoSP 38
2.5.2   Atualização tecnológica das praças de pedágio e implantação dos conceitos *free-flow* e de pagamento proporcional à quilometragem percorrida 39
2.5.3   Atualização tecnológica na transferência do *sistema remanescente* ao contratado em EixoSP 40
2.6   Outras disposições contratuais de EixoSP, ENTREVIAS e VIAPAULISTA e observações iniciais 42
2.7   Distinção central entre os contratos analisados: os *limites* para a atualização tecnológica em EixoSP 44
2.7.1   Pressupostos de *fato* – a atualização tecnológica dos *bens reversíveis* ... 45
2.7.2   Atualização tecnológica para atingimento de *indicadores de desempenho* 47
2.8   Reflexões acerca dos aspectos contratuais da pesquisa documental realizada 50

3	Aspectos não contratuais aplicáveis ao tema pesquisado	55
3.1	Considerações doutrinárias sobre o *princípio da atualidade*	55
3.1.1	Conclusão parcial	63
3.2	A política tarifária como instrumento da política pública de fomento à inovação e atualização tecnológica	65
3.2.1	Conclusão parcial	71
3.3	A matriz de riscos contratual e os riscos de atualização tecnológica e de inovação tecnológica	73
3.3.1	Inovação tecnológica e seus efeitos positivos ou negativos no objeto concedido	73
3.3.2	Uma tipologia necessária: distinguindo risco tecnológico, risco de atualização tecnológica e risco de inovação tecnológica	74
3.3.3	Alocação dos riscos de atualização tecnológica e de inovação tecnológica para RIBEIRO e para DELMON	76
3.3.4	Alocação dos riscos de atualização tecnológica e de inovação tecnológica nas melhores práticas internacionais segundo recomendação da GI Hub	77
3.3.5	Conclusão parcial	78
3.4	A recomposição do EEF pelos investimentos em P&D&I	80
3.4.1	Conclusão parcial	85
4	Considerações finais e conclusão	86
4.1	Considerações finais	86
4.2	Alocação do risco de atualização tecnológica e seus limites	88
4.3	Alocação do risco de inovação tecnológica e seus limites	88
4.4	Conclusão	89
REFERÊNCIAS		95

PREFÁCIO

Foi com imensa honra e alegria que recebi o convite para escrever o prefácio do livro *Incorporação de Novas Tecnologias em Contratos de Concessão – Estudo de caso do Setor Rodoviário Paulista*, de Ronaldo José de Andrade. Para mim, mais do que sinal de respeito e de certa deferência acadêmica, recebo o convite como mais um gesto de sincera amizade e de apreço pessoal por parte de seu autor. E é com a mesma intenção que essas linhas são escritas.

Este livro é um exemplo notável da contribuição que o vasto programa de pós-graduação da FGV Direito SP tem oferecido para o Direito Público. São inúmeros trabalhos de conclusão de curso, dissertações de mestrado e teses de doutorado produzidos a partir de pesquisas sérias e consistentes, que levam em conta a experiência prática sem olvidar dos aspectos teóricos verdadeiramente relevantes. Como professor do FGV Law, desde o ano de 2014, e avaliador em bancas de mestrado, tenho a honra e o privilégio de acompanhar parcela significativa dessas pesquisas e de ler seus resultados. Por isso, posso assegurar que este livro está entre as melhores publicações dos egressos da FGV Direito SP.

Conheci pessoalmente o autor, Ronaldo José de Andrade, no primeiro semestre de 2017. Naquela época, eu ministrava a disciplina de Direito Administrativo Contratual. O curso procurava oferecer um amplo panorama sobre o tema dos contratos públicos no Brasil. Começando pela incorporação e calcificação da teoria francesa de meados do século XX ao pensamento administrativista brasileiro, passando por sua consequente revisão a partir sobretudo das duas últimas décadas, em virtude das inovações legislativas derivadas da reforma do aparelho estatal, até a análise de boas práticas na formulação, execução e fiscalização de contratos públicos os mais diversos.

Durante todo esse itinerário, Ronaldo José de Andrade demonstrou singular interesse e disponibilidade para ler os textos de referência e debatê-los em profundidade ao longo de nossos encontros semanais. Valendo-se de sua vasta vivência como destacado integrante da carreira de Procurador do Município de São José dos Campos, com passagem por cargos de assessoramento em secretarias importantes, o autor desta obra converge com precisão e pertinência a realidade e as dificuldades do cotidiano da administração com os debates teóricos que por vezes travávamos. Sua presença no curso fez a boa diferença para os docentes e discentes que tiveram a oportunidade de desfrutar da convivência intelectual e sempre fraternal de Ronaldo José de Andrade.

Ao ler o presente livro, saltam aos olhos as características de seu autor. Enfrentando tema atual e ainda pouco explorado na literatura nacional, Ronaldo José de Andrade põe à prova – sempre com elegância – antigos dogmas do Direito Público ao abordar os desafios da incorporação de novas tecnologias a contratos de concessão em execução, e celebrados por vezes muitos anos antes do surgimento desses avanços tecnológicos.

Qual é o significado jurídico do dever de atualidade nos serviços públicos, positivado na lei de concessões, e que expressamente importa na adoção de técnicas, equipamentos e instalações modernos (Lei Federal nº 8.987/95, art. 6º, §§1º e 2º)? Como concretizar esse comando normativo em contratos já em curso, respeitando-se o direito ao equilíbrio econômico-financeiro (Lei Federal nº 8.987/95, art. 9º, §4º)? Em que medida a incorporação de inovações tecnológicas em contratos públicos já em vigor não se traduziria em modificação do objeto licitado, em potencial violação à estrita vinculação ao ato convocatório? E o que fazer quando a incorporação de tecnologias inovadoras importar em alteração direta ou indireta no sistema de arrecadação de tarifas, que constituem a fonte predominante de remuneração do parceiro privado nas concessões comuns (Lei Federal nº 8.987/95, art. 2º, III) e nas concessões patrocinadas (Lei Federal nº 11.079, art. 2º, §1º)?

Não há resposta fácil a essas dúvidas. E por mais valiosos e importantes que possam ser os manuais clássicos para auxiliar na compreensão do Direito, seu uso tem pouca ou nenhuma serventia para responder a tais perguntas em situações reais. Por essa razão, Ronaldo José de Andrade mais uma vez mostra o valor de se olhar com atenção para o calor do mundo real e, através deste exercício, fazer do Direito um instrumento efetivo de melhoria e de avanço social.

Em sua pesquisa, o autor se debruçou sobre a rica experiência concessionária do Governo do Estado de São Paulo, que desde há muito mantém um programa estável e contínuo de concessões de serviços públicos. Com uma estrutura administrativa sofisticada, ocupada por técnicos formados em centros de excelência, muitas vezes no exterior, e dispondo de relativa autonomia decisória, pode-se dizer que o Governo do Estado de São Paulo tem atuado como um parceiro de vanguarda da iniciativa privada ao abraçar soluções inéditas para seus contratos, assumindo riscos positivos sem os quais é impossível avançar com a celeridade e a urgência que os tempos atuais nos impõem. Foi assim com o sistema de recomposição do equilíbrio econômico-financeiro por intermédio da sistemática do fluxo de caixa marginal, que permite a inclusão de novos investimentos em contratos de concessões a preços contemporâneos à sua realização, e não mais à formulação das propostas na licitação; e com a adoção de iniciativas piloto para a implantação de mecanismos de arrecadação de tarifas de pedágio que levam em consideração a quantidade de quilômetros percorridos pelo usuário, no lugar da tarifa "cheia" das praças de pedágio, que onera igualmente os serviços rodoviários, independentemente de percorrerem distâncias curtas ou longas.

Aproveitando-se dessas e de outras experiências, Ronaldo José de Andrade expõe com desenvoltura seu apurado conhecimento sobre o Direito Público e os meandros da gestão de contratos administrativos de longo prazo. O autor apresenta críticas consistentes a decisões legislativas e administrativas, ao mesmo tempo em que propõe soluções arrojadas, mas sem perder de vista a sua viabilidade. Ele transita pelo campo das políticas públicas subjacentes aos contratos de concessão e à inovação tecnológica, que tem a sua maior expressão no Marco Legal de Ciência, Tecnologia e Inovação (Lei Federal nº 13.243/2016), que também foi considerado no presente estudo.

Em suma, este é um livro indispensável para quem se interessa pelo Direito Público do futuro e quer ficar por dentro do que está acontecendo no mundo real dos contratos de concessão e da inovação tecnológica. Leitura imprescindível ao estudante atento. E é uma oportunidade valiosa para conhecer, através de suas ideias, seu proeminente autor, Ronaldo José de Andrade.

Guilherme Jardim Jurksaitis
Professor da FGV Direito SP.

APRESENTAÇÃO

Ronaldo José de Andrade é um fenômeno. É um profissional sério, profundo e de muitas qualidades.

Ele é formado pela Faculdade de Direito da USP e Procurador do Município de São José dos Campos. Eu o conheci na especialização em Direito Administrativo (GVLaw), quando seu trabalho de conclusão de curso foi premiado. Desde então, nos tornamos amigos e sou testemunha de que ele não perde tempo. É incansável na busca por conhecimento.

O caminho para seu mestrado foi natural. Aluno da 2ª turma do mestrado profissional, na linha de Direito Público, da Escola de Direito da Fundação Getulio Vargas de São Paulo, defendeu seu trabalho em 2020 com enorme êxito. Escolheu tema relevante, muito ligado à sua atuação profissional: incorporação de novas tecnologias em contratos de concessão.

O desafio de tratar de tema tão amplo levou Ronaldo a fazer detalhado estudo de caso envolvendo a 4ª rodada do programa de concessões do setor rodoviário paulista. A escolha do programa do Estado de São Paulo foi natural, afinal é o mais robusto projeto de concessão rodoviária brasileiro.

O resultado é a presente obra, cujo mérito é explicar e ilustrar os desafios da inovação tecnológica na execução de contratos de longo prazo. Sua contribuição é importante em dois aspectos. Primeiro, para o tema em si, em razão de sua abordagem e senso prático. Em segundo lugar, porque confirma a importância de trabalhos de conclusão de curso que dialogam com a realidade.

Vale a pena ler.

Vera Monteiro
Professora da FGV Direito SP.

Introdução

Que as potencialidades que a tecnologia oferece para o desenvolvimento humano e social são enormes parece ser o senso comum e, particularmente no atual estágio de desenvolvimento da ciência e da pesquisa tecnológica, adquirem dimensão exponencial. Joi Ito, Diretor do *M.I.T. Lab* Massachusetts Institute of Technology, e Jeff Howe, Professor Assistente e Diretor fundador do programa de Inovação de Mídia da *Northeastern University*, ilustram[1] o potencial disruptivo do saber humano em todas as facetas de nossas vidas por meio do emprego de uma interessante metáfora, cuja menção é aqui oportuna.

Os autores condensam toda a história da terra em apenas um ano. Nessa linha do tempo adaptada, os hominídeos somente começariam a andar eretos nos dez minutos finais do ano. Todo o registro histórico não ocupa mais que alguns dos nanosegundos finais. Trezentos e sessenta e quatro dias sem humanos caminhando sobre nosso planeta, que no início da noite do trigésimo sexagésimo dia já está povoado por três bilhões de seres humanos. Antes da meia noite a população já foi duplicada e o ritmo de crescimento já está em um bilhão de novos terráqueos a cada oito minutos!

Ainda mais, em uma nova metáfora: se esses dez minutos finais correspondessem a um ano, a escala de evolução e desenvolvimento seria ainda mais assombrosa: 'Os sumérios começam a fundir o bronze na primeira semana de dezembro, os primeiros registros de idiomas na humanidade datam do meio desse mês, e o Cristianismo começa a se expandir no dia 23'.[2] Somente no raiar do dia 31 as coisas começam

---

[1] ITO, Joichi; HOWE, Jeff. *Whiplash*: how to survive our faster future. Grand Central Publishing, Hachette Group, Inc: New York, 2016, p. 24-26.

[2] Tradução nossa. No original: "The Sumerians begin smelting bronze in the first week of December, the first recorded languages pop up around the middle of the month, and Christianity starts spreading on December 23". ITO, Joichi; HOWE, Jeff. *Whiplash*: how to survive our faster future, Grand Central Publishing, Hachette Group, Inc: New York, 2016, p. 24-26.

a acelerar, com o desenvolvimento da produção em massa e o início da era industrial: ainda pela manhã as ferrovias permitem que pela primeira vez o ser humano possa se deslocar mais rapidamente que os equinos e aviões começam a rasgar os céus somente no meio da tarde. Às vinte e duas horas a "Era da rede" tem início, com a internet e o *chip* de circuito integrado e a partir daí se conhece uma aceleração até então sem precedentes. Essa é a *big shift*. Deste ponto em diante o desenrolar dos tempos não será como até então.

Enfim, a metáfora demonstra como, contra o senso comum, a história do planeta Terra tem sido estática e que somente nos momentos finais do 'ano' pictórico a mudança passou a ser ínsita a este pedaço do Universo. Entramos em uma era em que as evoluções passam a ser uma certeza e agora em uma velocidade estonteante.

Firmas sólidas desaparecem e novos negócios surgem e crescem assumindo escala planetária em menos que um piscar de olhos metafóricos. O ritmo exponencial do desenvolvimento tecnológico vai de alguma maneira impactar a todos. Riscos novos até milimétrico tempo atrás inimagináveis e oportunidades incríveis surgem na mesma velocidade.

Nesse cenário, não se pode imaginar que os entes governamentais e as funções que esses exercem fiquem ilesos. No Brasil, iniciativas têm sido adotadas para conferir instrumentos para o efetivo desenvolvimento tecnológico do país, objetivo que passa pelo fortalecimento do arcabouço jurídico-institucional que estimule a pesquisa e o desenvolvimento tecnológico voltados para o setor público, como a recente e profunda reformulação a que foi submetida a lei de inovação. Mesmo nos ciclos eleitorais periódicos já se faz presente a preocupação de candidatos a gestores públicos com a formulação de propostas de inovação nas políticas públicas e na prestação de serviços públicos.

No setor de infraestrutura, em que a implantação de obras e a operação de serviços públicos têm sido progressivamente delegadas à iniciativa privada por meio de contratos de longo prazo celebrados nas modalidades de concessão comum, concessão patrocinada e concessão administrativa, esses ajustes passam a constituir importante instrumento que pode (deve?)[3] ser utilizado para estimular a incorporação de novas tecnologias que permitam a evolução qualitativa e/ou quantitativa dos serviços prestados.

Portanto, natural que os olhos da academia se voltem para a temática da atualização e da inovação tecnológica de serviços públicos

---

[3] Se se trata de *faculdade* ou *dever*, será tema abordado ao longo das próximas páginas.

e também para os limites eventualmente aplicáveis à sua incorporação pelo parceiro privado a quem delegada a concessão de serviços públicos, por meio de contratos administrativos, razão suficiente para o desenvolvimento da pesquisa ora apresentada.

A fim de conferir o aspecto prático da pesquisa, aderente ao programa de mestrado profissional da Escola de Direito da Fundação Getulio Vargas de São Paulo (FGV-EDESP), a dissertação parte da análise dos contratos de concessão do setor de rodovias do Estado de São Paulo, a cargo da Agência de Transporte do Estado de São Paulo (ARTESP), que integram a 4ª rodada do programa de concessões do Estado de São Paulo,[4] para compreender as características da disciplina deste tema, incorporação de novas tecnologias, no bojo dos contratos dos respectivos projetos concessionários.

Desta rodada foram analisados os contratos de ENTREVIAS,[5] VIAPAULISTA[6] e EixoSP,[7] sendo esse último decorrente de uma

---

[4] Rodada composta por ENTREVIAS, VIAPAULISTA, EixoSP e também o Lote Rodoanel Norte, objeto da Concorrência Pública Internacional nº 01/2017. O critério metodológico adotado para o recorte da pesquisa efetuada foi circunscrevê-la somente aos contratos de concessão já efetivamente assinados, o que exclui o citado lote do Rodoanel, uma vez que seu procedimento licitatório se encontra sobrestado por decisão da Comissão Especial de Licitação, desde a publicação do Comunicado datado de 8 de outubro de 2018, disponível na página eletrônica da ARTESP, Acesso em: 22 abr. 2020.

[5] Concorrência Internacional nº 03/2016, que teve por objeto a delegação da exploração do Lote 28 do programa de concessões rodoviárias do Estado e resultou no Contrato de Concessão nº 0352/17, datado de 6 de junho de 2017, celebrado com a concessionária ENTREVIAS, que delegou a exploração de um total aproximado de 573km (quinhentos e setenta e três quilômetros) de rodovias. Foram analisados detalhadamente o edital e a minuta do contrato. Se ressalva que as sucessivas tentativas de obtenção dos respectivos anexos no site da agência reguladora restaram infrutíferas, não obstante tendo havido registro de solicitação específica no seu portal eletrônico. De toda forma, a partir de todo o conjunto examinado e das referências recíprocas identificadas (por exemplo quando dos questionamentos e pedidos de esclarecimentos formulados pelo mercado) foi possível deduzir que os anexos não examinados deste procedimento são idênticos àqueles da VIAPAULISTA nos pontos que não são específicos de cada um dos projetos.

[6] Concorrência Internacional nº 05/2016, que teve por objeto a delegação da exploração do Lote 29 do programa de concessões rodoviárias do Estado e resultou em contrato de concessão celebrado com a concessionária VIAPAULISTA, para a delegação dos serviços de operação, manutenção, ampliação e realização dos investimentos necessários para a exploração do Lote Rodovia dos Calçados, que perfaz um total de aproximadamente 720km (setecentos e vinte quilômetros). Foram examinados o edital e seus vinte e três anexos, bem como a minuta do contrato e seus vinte e dois anexos. Foram ainda analisadas as três Atas de Esclarecimentos, lavradas pela Comissão Especial de Licitação, datadas de 17 de março de 2017, 13 de abril de 2017 e 18 de abril de 2017, respectivamente.

[7] Concorrência Internacional nº 01/2019, que teve por finalidade a maior concessão do país até hoje celebrada em volume de investimentos projetados, que tem por objeto a delegação dos serviços de operação, manutenção, ampliação e realização dos investimentos necessários para a exploração do Sistema Rodoviário do Lote Piracicaba-Panorama (PiPa),

licitação que teve seu resultado amplamente festejado pelos gestores públicos locais, em razão dos superlativos ágios verificados nas propostas apresentadas e pela participação de um fundo soberano estrangeiro, mas seu principal mérito sob a ótica deste trabalho foi a preocupação havida com o tema desses estímulos, por meio da introdução de mecanismos para a incorporação de novas tecnologias, o que o destaca dentre o conjunto de contratos analisados e denota que a análise jurídica acerca dos critérios adotados na abordagem deste tema em sua minuta contratual em particular e nesta rodada de concessões escolhida para esse fim se faz oportuna.

Em seguida ao mero descritivo dos contratos de concessão a partir do ângulo da introdução de novas tecnologias, dissecando-os (capítulo 2) com o emprego da metodologia hermenêutica a fim de compreendê-los sob o aspecto terminológico (subitens 2.1, 2.2, 2.3. 2.4, 2.5 e 2.6), como também pelo destaque em separado de características presentes em EixoSP e ausentes nos outros contratos assinados na 4ª rodada do programa de concessões paulista (subitem 2.7), o respectivo capítulo se encerra (subitem 2.8) com as considerações extraídas da pesquisa documental e uma primeira aproximação desses elementos sob a perspectiva do Direito Administrativo moderno, usando como referência doutrinadores brasileiros livremente escolhidos.

Subsequentemente a dissertação passa (capítulo 3) a aprofundar reflexões a partir de aspectos jurídicos pertinentes ao tema das novas tecnologias no curso de contratos de concessão. Essas reflexões são desenvolvidas com o recurso a pesquisa doutrinária escolhida a partir de sua pertinência ao tema, que permite diferentes perspectivas de análise, sob o aspecto do princípio da segurança jurídica (subitem 3.1), da função de fomento ao desenvolvimento tecnológico que o Estado

---

que perfaz um total de aproximadamente 1.273km (mil duzentos e setenta e três quilômetros). Na sessão pública para recebimento de propostas, realizada em 8 de janeiro de 2020, sagrou-se vencedor o lance apresentado por um consórcio formado pela gestora de investimentos Pátria e o fundo soberano de Cingapura GIC. O objeto foi adjudicado por decisão publicada em 13 de março à SPE formada, o Consórcio Infraestrutura Brasil, resultando no Contrato de Concessão nº 0409/ARTESP/2020. Foram examinados os seguintes documentos: (a) o edital e a minuta contratual; (b) os vinte e três anexos do edital e do contrato, respectivamente; (c) os dez apêndices da minuta do contrato; (d) as quatro Atas de Esclarecimentos, lavradas pela Comissão Especial de Licitação, datadas de 12 de outubro, 19 e 21 de novembro e 26 de dezembro de 2019, respectivamente. As duas propostas apresentadas ofereceram outorgas nos valores de R$ 1,1 bilhão e de R$ 527,05 milhões, ao passo que o valor mínimo inicialmente estimado na casa de R$ 2 bilhões quando dos primeiros anúncios foi definido em edital em R$ 15 milhões, como medida de ampliação dos investimentos exigidos.

brasileiro reservou para si e da experiência do exercício dessa função no setor elétrico (subitem 3.2), da conceituação dos riscos de atualização tecnológica e de inovação tecnológica, e de suas alocações em Ribeiro e segundo as melhores práticas recomendadas pelo *Global Infrastructure Hub* (GI Hub) (subitem 3.3) e, por fim, às considerações finais e conclusão do trabalho (capítulo 4), em que é trazida a pertinência do emprego da terminologia como ferramenta para a interpretação dos contratos, bem como apresentada recomendação de conduta para a incorporação de novas tecnologias nas concessões do setor rodoviário paulista.

1 Contextualização fática e jurídica do tema das inovações tecnológicas no setor público

O presente estudo parte do pressuposto de que as profundas transformações decorrentes das inovações tecnológicas que estão aceleradamente modificando diferentes setores econômicos consolidados também possuem potencial para impactar os serviços públicos nos mais diversos setores regidos por contratos de concessão de longo prazo.

Como os serviços públicos delegados aos parceiros privados devem obediência ao dever de atualidade dos serviços prestados, para fins de caracterização do *serviço adequado* a que se refere o próprio texto constitucional[8] e se encontra refletido na lei de concessões,[9] a atual assim denominada "Era da Inovação" introduz para essas parcerias algum nível de incerteza que se constitui num *problema* a ser enfrentado quando da modelagem dos respectivos contratos pelo poder concedente, ainda na fase interna do procedimento.

Se por um lado é desejável que os serviços públicos alcancem mais e melhores níveis de qualidade, por meio de introdução de

---

[8] Art. 175. Incumbe ao Poder Público, na forma da lei, diretamente ou sob regime de concessão ou permissão, sempre através de licitação, a prestação de serviços públicos. Parágrafo único. A lei disporá sobre: I - o regime das empresas concessionárias e permissionárias de serviços públicos, o caráter especial de seu contrato e de sua prorrogação, bem como as condições de caducidade, fiscalização e rescisão da concessão ou permissão; II - os direitos dos usuários; III - política tarifária; IV - a obrigação de manter serviço adequado.

[9] Lei Federal nº 8.987, de 13 de fevereiro de 1995, art. 6º: Toda concessão ou permissão pressupõe a prestação de serviço adequado ao pleno atendimento dos usuários, conforme estabelecido nesta Lei, nas normas pertinentes e no respectivo contrato. §1º Serviço adequado é o que satisfaz as condições de regularidade, continuidade, eficiência, segurança, atualidade, generalidade, cortesia na sua prestação e modicidade das tarifas. §2º A atualidade compreende a modernidade das técnicas, do equipamento e das instalações e a sua conservação, bem como a melhoria e expansão do serviço.

inovações tecnológicas, cujo fomento de diversas formas constitui política pública, por outro lado, o desconhecimento das inovações e atualizações tecnológicas que venham a ser desenvolvidas nos vinte, trinta anos ou mais, que se sucedem à celebração de um contrato de concessão trazem o imponderável à mesa quando da modelagem do projeto concessionário e reforçam a incompletude contratual[10] com o elemento da incerteza.

Em suma, é o parceiro privado obrigado a incorporar no objeto contratual *toda* e *qualquer* nova tecnologia como forma de dar cumprimento ao dever de atualidade? Ou, ainda, pode o parceiro público fazer tal exigência ao parceiro privado *sempre*? Ou, por outro lado, haveria *limites* para que essa exigência seja feita?

A partir de tais indagações, formula-se a hipótese que dá suporte à pesquisa e que pode ser sintetizada em uma frase: o dever de atualidade dos serviços concedidos não admite exigências ilimitadas pelo parceiro público ao parceiro privado contratado a título de introdução de novas tecnologias no objeto concedido, que se sujeitam, antes, a limites. Identificar os elementos jurídicos que dão firmeza a essa hipótese e qual (ou quais) venha(m) a ser, portanto, tais limites e, a partir dos achados, efetuar alguma proposição de conduta delimitam as metas a serem buscadas no decorrer das próximas páginas.

A proposta possui relevância sob o aspecto jurídico, mas também sob o aspecto econômico.

Por um lado, sob o aspecto econômico, paira como pano de fundo desta dissertação a indagação acerca de a *quem* devem ser carreados os correspondentes *ônus financeiros* necessários para o atendimento do dever de atualidade, se ao parceiro privado, que os deve contemplar em seu plano de negócios, ou se aos usuários, por meio da política tarifária. Ou, ainda, se ao poder concedente contratante, a quem tenha sido atribuído o risco de futuras e incertas inovações tecnológicas.

Já sob o aspecto jurídico, indicar os fundamentos que alicercem a modelagem contratual das concessões de serviços públicos a partir da perspectiva das inovações tecnológicas, delimitar os contornos que orientam a gestão pública para o emprego das compras públicas como instrumento para o fomento destas inovações, conferir concretude ao

---

[10] Para uma análise aprofundada sobre o tema do contrato incompleto, confira-se CARMO, Lie Uema do. *Contratos de Construção de Grandes Obras*. 2012. 279 f. Tese (Doutorado em Direito) – Faculdade de Direito, Universidade de São Paulo, São Paulo, 2012, pp. 188-195. Disponível na Biblioteca Digital de Teses e Dissertações da USP, no endereço eletrônico https://www.teses.usp.br/.

dever de atualidade e consequentemente da atualização tecnológica dos serviços concedidos no curso da concessão e também indicar os elementos presentes no arcabouço legal que disponham acerca de eventuais limites para este dever são todas preocupações relevantes que justificam a pesquisa desenvolvida neste trabalho.

Assim, sob quaisquer perspectivas, o elemento de incerteza apontado se revela uma questão de suma importância na atual era de exponencial desenvolvimento tecnológico, considerando que durante a execução de serviços públicos concedidos o objeto licitado ou a forma de sua execução estarão sujeitos a inovações não previstas inicialmente, e que possuem o potencial de alterar drasticamente o fluxo de caixa do projeto, no longo prazo de execução dos serviços, com a imposição de ônus financeiros ao contrato de concessão em razão de novas tecnologias que venham a ser desenvolvidas e cuja incorporação no objeto venha a ser entendida como obrigação do parceiro privado.

A escolha do programa de concessões paulista para o embasamento do estudo se deve ao fato de que dentre as unidades federativas do país o Estado de São Paulo possui o mais amplo e robusto[11] programa de parcerias e, particularmente no setor rodoviário paulista se visualiza um exitoso programa de concessões já com aproximadamente duas décadas de existência, celeiro de aplicação de soluções para diferentes desafios que têm sido enfrentados ao longo deste período nas concessões rodoviárias.

O projeto concessionário de EixoSP é apontado pelo seu próprio regulamento como, diga-se, um divisor de águas, ao se referir a novos mecanismos contratuais e inovações tecnológicas contempladas nos estudos que antecederam sua modelagem, de forma que o projeto espelharia o atual estado da arte em matéria de incorporação e estímulo a inovações tecnológicas em concessões no país. Esse por si já é um indicativo de que a análise desse projeto juntamente com os outros que também integram a 4ª rodada permitirá extrair elementos que robusteçam a análise crítica almejada.

---

[11] Registre-se que o Estado de Minas Gerais foi pioneiro na formatação de um programa de concessões e parcerias público-privadas, por meio da Lei nº 14.868, de 16 de dezembro de 2003 (posteriormente revogada pela Lei nº 22.606, de 20 de julho de 2017), antes ainda da legislação federal de parcerias público-privadas, todavia o volume de projetos e parcerias licitados ao longo do tempo encontra no programa paulista, que possui estrutura institucional própria e permanente para o desenvolvimento e execução do programa de concessões e parcerias público-privadas, um patamar inexistente na comparação com quaisquer das outras unidades federativas, inclusive Minas Gerais e também a União Federal.

Contudo, o exame das disposições dos outros dois projetos, ENTREVIAS e VIAPAULISTA e sua análise revela uma opção regulatória que reserva ao contratante um amplo poder de modificação das tecnologias aplicadas ao objeto contratual, no curso da concessão, o que traz à tona uma preocupação acerca da posição relativa entre as partes contratuais sob uma perspectiva do Direito Administrativo moderno.

Ocorre que as parcerias em geral entre o Poder Público e a iniciativa privada e os contratos de concessão em particular constituem instrumentos que refletem a transformação que a concepção do Direito Administrativo enfrenta na atual quadra. Essa transformação é marcada por uma evolução doutrinária de uma concepção autoritária de *comando-controle*[12] para uma administração consensual, que adota procedimentos mais flexíveis e informais de cooperação e de regulação e em que as partes de apresentam com maior paridade. Nessa nova contratualização as bases negociais empregadas são mais amplas que nos modelos tradicionais, de forma que a doutrina administrativista tem empregado termos como governo por contratos, direito administrativista pactualista, administração por acordos e contratualização de políticas públicas e outros.[13]

As soluções negociadas, portanto, em substituição à imperatividade, têm sido apontadas como o caminho hábil a assegurar maior eficiência na implantação de políticas públicas e na governança pública, uma vez que permitem reduzir resistências, conferem maior legitimidade para a ação estatal e auferem maior pragmatismo.[14] Assim, a previsão contratual da singela sujeição do parceiro privado ao direito potestativo do parceiro público contratante, como evidenciado na pesquisa realizada a ser exposta no capítulo 2 desta dissertação, se mostra anacrônica sob o prisma do sentido da evolução do Direito Administrativo nos tempos atuais.

Por outro lado, já se pode adiantar que a prévia manifestação da concessionária, antes da implantação de futuras atualizações

---

[12] Anote-se excelente análise crítica da regulação *comando-controle* comparativa com o *laisez-faire*, vide COUTINHO, Diogo R. *Direito e Economia Política na Regulação de Serviços Públicos*. São Paulo: Saraiva, 2014, em seu capítulo 4 – O Direito e a Regulação Redistributiva.

[13] REIS, Luciano Elias. A Regulação Estatal pelas Licitações e pelos Contratos Administrativos para o Avanço da Ciência, Tecnologia e Inovação. *In:* HACHEM, Daniel Wunder; GABARDO, Emerson; SALGADO, Eneida Desiree (Coord.). *Direito Administrativo e suas Transformações Atuais, homenagem ao Professor Romeu Bacellar Filho*. Curitiba: Íthala, 2016, p. 474-475.

[14] MOREIRA NETO, Diogo de Figueiredo. *O Direito Administrativo no Século XXI*. Belo Horizonte: Fórum, 2018, p. 281.

tecnológicas, ou a constituição de juntas técnicas para a qualificação da decisão a ser tomada acerca de novas tecnologias a serem introduzidas na concessão, como se comprometeu a ARTESP ainda no curso dos procedimentos licitatórios de ENTREVIAS e VIAPAULISTA, por meio de esclarecimentos[15] apresentados aos interessados, se mostram alinhadas com a hipótese trazida por Aragão ao ressaltar que disposições regulamentares que não tenham sido expressamente estabelecidas em contrato ou em regulamento específico, elaborado pelo poder concedente, pela agência reguladora ou mesmo pela própria concessionária podem ter tal implicação com o equilíbrio econômico-financeiro (EEF) do contrato que o contrato pode exigir a concordância das duas partes para a sua modificação.[16]

É sob esse pano de fundo da evolução da relação Estado-privado que a relação entre os parceiros nos contratos de concessão de serviços públicos deve ser enquadrada. Sob essa perspectiva, portanto, o tratamento recomendável no tema de incorporação de novas tecnologias nos contratos de concessão é, antes de definir *a priori* como dever do contratado incorporar toda e qualquer nova tecnologia, impondo a ele os correspondentes ônus financeiros, a justaposição de dois vetores. Por um lado, o interesse dos usuários dos serviços concedidos, na prestação de um serviço adequado, que possua nível de atualidade tecnológica aceitável e, por outro lado, o dever estatal na promoção da inovação tecnológica.

---

[15] Como será abordado no capítulo 2, à frente, e detalhado nas notas de rodapé nº 30, nº 31 e nº 32.

[16] ARAGÃO, Alexandre Santos de. *Direito dos Serviços Públicos*. 3. ed. Rio de Janeiro: Forense, 2013, p. 604. Ali trata o autor dos elementos modificáveis bem como daqueles imodificáveis na concessão, apontando que a equação econômico-financeira é imutável, o que não significa, por exemplo, que as *tarifas* sejam imutáveis. Imutável é somente a relação entre as prestações de uma e da outra contraparte. Desta forma, o próprio contrato pode já dispor que a modificação de disposições regulamentares advindas da lei, de decreto ou do próprio contrato e que estejam relacionadas com essa equação esteja subordinada à prévia concordância de ambas as partes para que tal modificação seja incorporada à relação contratual. Note-se que a posição adotada pela ARTESP nos esclarecimentos por ela prestados pode tão somente estar buscando superar a assimetria informacional e qualificar a posição a ser por ela adotada no caso concreto, para que seja tecnicamente embasada. Por outro lado, mais que isso, essa posição pode ser reflexo ainda dessa mudança de perspectiva que deixa para trás a relação comando-controle e passa a buscar a consensualidade (como aludido na nota de rodapé nº 12) como veículo para a incorporação de novas tecnologias na concessão. Assim, a referência à consensualidade nesta dissertação busca ampliar o sentido jurídico deste compromisso assumido pela ARTESP quanto à prévia oitiva das concessionárias ENTREVIAS e VIAPAULISTA, para além das disposições contratuais, editalícias ou procedimentais, porquanto ali se trata de modificações que afetarão o equilíbrio econômico-financeiro da relação jurídica estabelecida entre as partes.

Dito de outra forma, trata-se de estabelecer distinção entre, de um lado, a atualidade do serviço, como exigido na lei de concessões, bem como as inovações tecnológicas que, mais do que meramente atualizar os serviços ou os bens da concessão, possuam caráter disruptivo para o setor econômico e sejam o seu estado da arte, com reduzida ou nula presença na atividade concedida em geral, e, de outro lado, a utilização do contrato como instrumento de regulação de uma política pública sob o manto de uma relação que passa a se caracterizar também pela presença de instrumentos de consensualidade.

O desafio, portanto, a ser enfrentado a partir da análise documental (capítulo 2, subitens 2.1 a 2.7) será apontar elementos que confiram materialidade e concretude ao dever de atualidade do objeto da concessão e à consequente incorporação de novas tecnologias no longo prazo de vigência contratual e ao mesmo tempo resguardem a segurança jurídica das partes e privilegiem uma relação jurídica pautada na consensualidade.

2 Tratamento dado ao tema das novas tecnologias nos contratos assinados da quarta rodada do programa de concessões paulista

Já a partir dos regulamentos[17] de cada uma das concessões o Poder Público atribuíra à concessionária a ser contratada a responsabilidade pela adoção da melhor técnica aplicável a cada uma das tarefas que venham a ser desempenhadas pela contratada no bojo da execução de cada um dos contratos de concessão[18] objeto deste estudo, durante a sua vigência. Além disso, em todos os projetos é exigida das respectivas concessionárias a implantação de sistemas tecnologicamente atualizados para a operação do sistema integrado de supervisão e controle de *tráfego*, do *sistema de arrecadação e controle do pedágio*, do *sistema de controle de peso de veículos* e do *sistema de comunicação com o usuário*.[19]

Todavia, embora cada uma das concessões examinadas apresente mecanismos contratuais destinados à preservação da atualidade dos

---

[17] As concessões de EixoSP e da exploração dos sistemas rodoviários contratados com as concessionárias ENTREVIAS e VIAPAULISTA são regulamentadas pelo Decreto nº 64.334, de 19 de julho de 2019, pelo Decreto nº 62.249, de 4 de novembro de 2016, e pelo Decreto nº 62.333, 21 de dezembro de 2016, respectivamente.

[18] Art. 9º, inciso XI, de cada um dos regulamentos mencionados na nota de rodapé nº 17.

[19] Artigo 8º de cada um dos regulamentos mencionados na nota de rodapé nº 17.

serviços prestados, cujo conceito e amplitude são diversos na comparação entre os três projetos, uma primeira novidade é que em EixoSP são apresentados ainda mecanismos que expressamente se destinam à incorporação de novas tecnologias no curso da concessão.[20] Além disso, o exame do edital do projeto EixoSP e da correspondente minuta contratual descortina uma disciplina que é distinta do tratamento dado às explorações rodoviárias concedidas à ENTREVIAS e à VIAPAULISTA neste tema, porque se mostra mais detalhada.[21]

Já sob o aspecto das atualizações e inovações tecnológicas, o contrato de Eixo SP revela o objetivo de diminuir as incertezas para o parceiro privado, por meio na delimitação da materialidade que configura a atualidade tecnológica dos serviços prestados, identificada nas condições traduzidas pelos indicadores de desempenho. Todavia, a análise do conjunto dos contratos resultantes da quarta rodada de concessões do governo paulista objeto do recorte efetuado na presente pesquisa demanda uma prévia verificação dos termos e expressões que em cada um desses são adotadas, a fim de conferir precisão ao objeto examinado e explanação acerca dessa delimitação, ponto a ser abordado nos subitens seguintes.

Ponto de destaque é que em ENTREVIAS e VIAPAULISTA esse tema adquirira relevo bastante distinto em seu foco e em sua amplitude daqueles posteriormente adotados em EixoSP. Em primeiro lugar, embora expressamente manifestada a preocupação no estabelecimento de incentivos à atualidade da prestação, as inovações tecnológicas não merecem o mesmo destaque que posteriormente foi conferido em EixoSP.

Além disto, somente em EixoSP é regulada também a incorporação de novas tecnologias. De toda forma, embora com órbita mais

---

[20] Cláusula 15 de cada um dos contratos de concessão, e seus respectivos subitens.

[21] Esse detalhamento inclui inovações *regulatórias* inauguradas em EixoSP, cujo regulamento destaca os seguintes elementos, ausentes nas delegações à ENTREVIAS e à VIAPAULISTA: (a) a adoção de tarifa flexível para usuários frequentes, como mecanismo de efetivação da modicidade tarifária; (b) a verificação de projetos por meio de empresa certificadora; (c) a utilização da metodologia *International Road Assessent Programme* para a realização de inspeções e auditorias para garantia da segurança viária (referido no regulamento e no Anexo 05 – Serviços Correspondentes a Funções Operacionais, e que consiste na aplicação de um programa de avaliação de estradas por meio de ferramentas de *mapeamento de risco*, *classificação por estrelas* e acompanhamento de *planos de investimento* e *políticas de desempenho* para implantação de estradas mais seguras, sempre a partir de uma abordagem baseada em *evidências*; e (d) o emprego de sistema de gerenciamento de obras por meio do *Building Information Model*, que visa a geração de um modelo digital do Sistema Rodoviário, integrado com os demais sistemas eletrônicos de gerenciamento previstos para a concessão e cuja aplicação permite o enfrentamento do problema da capacidade do órgão contratante em analisar os seus próprios projetos.

estreita que em EixoSP, também os contratos de ENTREVIAS e VIAPAULISTA abordam expressões semelhantes a atualidade ou atualização com específico recorte acerca da tecnologia aplicada.

Assim, diante da multiplicidade de abordagens apresentadas acerca das referências às tecnologias nos contratos examinados e a fim de conferir precisão metodológica ao presente texto e delimitar o seu conteúdo, se faz necessário examinar a terminologia empregada em cada um desses ajustes nos pontos em que se refiram à aplicação da tecnologia no objeto da concessão. Em diferentes oportunidades são utilizadas as expressões que são expostas e analisadas a seguir.

2.1 Expressões *atualidade* e *atualização tecnológica* em EixoSP,[22] ENTREVIAS e[23] VIAPAULISTA

A cláusula décima quinta dos três contratos regula a atualidade na prestação dos serviços, mas somente no contrato de EixoSP este requisito legal da concessão adquire o adjetivo específico, 'tecnológica'. Neste projeto a minuta contratual emprega duas locuções, a atualidade tecnológica e a atualização tecnológica, que se entende possam perfeitamente ser analisadas conjuntamente, uma vez que, ao passo que a primeira locução alude a um estado de fato da coisa ou objeto, a segunda se refere ao próprio processo a ser desenvolvido para que aquele estado de fato seja atingido. Para definição dessas locuções são empregadas pela minuta contratual as expressões preservação da modernidade e atualização dos insumos da concessão.

Ambas essas locuções têm por substrato a mesma etimologia, por meio da qual exprimem a ideia de que deve ser mantida atual a tecnologia empregada em determinado equipamento ou bem afetado à concessão, nas instalações necessárias para a execução contratual, ou ainda nos serviços de operação e manutenção. Especificamente no caso da segunda locução, atualização tecnológica, dela se extrai uma expectativa de uma postura ativa da concessionária que resulta no desenvolvimento do processo que promoverá a substituição de uma determinada tecnologia até então empregada no objeto por outra, com

---

[22] Neste sentido, (a) na minuta do contrato, nas subcláusulas 12.9, 15.1, 15.3, 15.4, e (b) no Anexo 4 do contrato, que trata da *estrutura tarifária*, em seu item 3.3.

[23] Neste sentido, nas minutas dos contratos de ENTREVIAS e VIAPAULISTA (a) a subcláusula 12.4, que possui redação idêntica à subcláusula 12.9 da EixoSP; (b); 15.1, 15.1.1, 15.3, 15.4, e (c) Anexo 4 do contrato, que trata da estrutura tarifária, em seu item 3.3.

a finalidade de que seja moderna aquela a ser aplicada em substituição à até então utilizada pela concessionária.

Portanto, a definição contratual de tais expressões traduz a ideia de contemporaneidade da tecnologia adotada na execução contratual, em todo o período de vigência do contrato. Já especificamente em relação às técnicas de prestação dos serviços de operação e manutenção, embora seja aplicada a mesma definição para fins de sua atualidade e atualização tecnológica, é feita uma remissão a outro dispositivo[24] da minuta contratual tão somente para ressalvar a possibilidade de a concessionária vir a ser constrangida à implementação de quaisquer medidas procedimentais ou operacionais por exigência de quaisquer órgãos de fiscalização e controle diversos da ARTESP, cuja eventualidade de sua ocorrência constitui risco atribuído à concessionária, não tendo ela direito quer a indenização dos custos correspondentes, tampouco à recomposição do EEF do contrato.

Além disso, EixoSP confere concretude à lei das concessões ao estabelecer um limite à exigência legal de atualidade na prestação do serviço concedido de forma que a atualização tecnológica conforme definida em contrato se sujeita a condição[25] restrita e expressa, em razão da qual não será toda e qualquer atualização tecnológica que a contratada virá a ser obrigada a incorporar ao projeto concessionário sob o fundamento do dever legal de atualidade ou atualização tecnológica do objeto, o que se traduzirá em diferentes efeitos sob a perspectiva da matriz de risco e do equilíbrio econômico-financeiro do ajuste, pontos esses a serem objeto de abordagem em separado, em frente.[26] Por fim, a referência à atualidade tecnológica é utilizada também para resguardar a possibilidade de que o Poder Público contratante determine a realização de investimentos e a implantação de equipamentos que permitam

---

[24] Cláusula 15.14: O disposto nesta Cláusula não afasta a obrigação da CONCESSIONÁRIA em adotar, implementar e custear toda e qualquer medida procedimental e/ou operacional, inclusive aquelas de natureza tributária, trabalhista e/ou ambiental determinadas por agentes fiscalizadores distintos da ARTESP, não fazendo a CONCESSIONÁRIA jus a qualquer direito de indenização ou reequilíbrio econômico-financeiro.

[25] Cláusula 15.1. A CONCESSIONÁRIA deverá observar a atualidade tecnológica na execução das obras e serviços objeto deste CONTRATO, assim caracterizada pela preservação da modernidade e atualização dos equipamentos, das instalações e, observado o disposto na subcláusula 15.14, também das técnicas da prestação dos serviços de operação e manutenção do SISTEMA RODOVIÁRIO, *desde que* a atualidade tecnológica seja necessária diante da (i) obsolescência dos bens da CONCESSÃO previstos na Cláusula Décima Segunda ou (ii) necessidade de cumprimento dos INDICADORES DE DESEMPENHO e demais exigências estabelecidas no CONTRATO e ANEXOS (grifo nosso).

[26] Capítulo 3, subitens 3.3. e 3.4.

a cobrança de pedágios por meios tecnologicamente atualizados, por exemplo, com a arrecadação baseada no conceito *free flow* (fluxo livre).[27]

Já nos contratos de ENTREVIVAS e VIAPAULISTA, diferentemente do que se deu em EixoSP, é conceituada a expressão atualidade na concessão, e não especificamente a atualidade ou atualização seguida do predicativo tecnológica, como se deu na EixoSP. Nesses dois contratos a expressão atualidade é definida como modernidade de equipamentos, bens, instalações ou técnicas empregadas nos serviços de operação e manutenção.

Outra distinção digna de nota é que esses contratos se referem à modernidade, e não à preservação da modernidade, como se deu posteriormente na EixoSP. A este respeito, talvez até se possa argumentar que a expressão adotada na EixoSP possua extensão maior, já que a inclusão do vocábulo preservação denota uma conduta comissiva do contratado, que deve se comprovar diligente e permanente no seu cumprimento.

Todavia, como a atualidade é exigida em todo o período em que perdurar a concessão, em todos os três contratos examinados, tal singela distinção não parece ser digna de maiores consequências jurídicas e econômicas além da necessidade de que os correspondentes custos sejam considerados pelo licitante em sua proposta e previstos em seu plano de negócios, na forma e na amplitude das disposições contratuais previstas nos três procedimentos em análise.

De toda forma, os contratos dessas concessões incluem entre as obrigações das concessionárias, para fins de caracterizar seu adimplemento do dever de atualidade ou atualização do objeto concedido e sua modernidade, a obrigação de que os avanços tecnológicos advindos ao longo da concessão sejam absorvidos ao objeto contratual. Portanto, somente serão atuais os insumos e serviços da concessão, em atendimento a este dispositivo, se as concessionárias passarem a empregar as novas tecnologias nos respectivos objetos.

ENTREVIAS e VIAPAULISTA empregam, portanto, conceito de atualidade bastante próximo daquele adotado em EixoSP com o adjetivo tecnológica, já que nos três casos é impingido ao particular um dever análogo a partir dessas expressões. Como está presente a modernidade para caracterização da atualidade, da mesma forma que em EixoSP, a ideia de contemporaneidade da tecnologia adotada, em todo o período de vigência do contrato bem traduz o espaço de ação do parceiro privado.

---

[27] Subitem 2.6, no presente capítulo.

Contudo, diferentemente do que se deu posteriormente em EixoSP, a definição de atualidade que ENTREVIAS e VIAPAULISTA encamparam não possui nenhum limite, o que sujeita as concessionárias a um amplo grau de incerteza de difícil mensuração para fins de dimensionamento e devida previsão em seus planos de negócios.[28] Ao invés disso, naqueles contratos há uma ampla sujeição das concessionárias ao direito potestativo do contratante, pois facultam[29] à ARTESP a adoção de experiências e produtos desenvolvidos e adotados por outros agentes do mesmo setor econômico do Brasil ou do mercado internacional, e também por demais concessionárias de serviços públicos, o que abarca concessionárias de serviços públicos brasileiras de quaisquer setores de atuação.

Como se nota, a amplitude de atuação da ARTESP nestes contratos é, portanto, bem mais significativa que aquela abarcada em EixoSP, que não incluiu essas possibilidades. Em face de tal amplíssimo raio de ação da ARTESP, essa faculdade sua foi objeto de oportuno pedido de esclarecimento[30] no curso do procedimento licitatório ao final vencido pela VIAPAULISTA, em resposta ao qual foi esclarecido pela Comissão de Licitação que, antes da tomada de decisão da ARTESP acerca da atualidade do sistema, será concedida oportunidade à concessionária para se manifestar previamente,[31] e que o prazo necessário para que as modificações venham a ser implementadas é tema a ser objeto de acordo entre as partes contratantes. De toda forma, ressalvou ainda a agência que os respectivos custos deverão ser arcados pela concessionária.

Outrossim, indagada na mesma oportunidade acerca da delimitação dos montantes a serem objeto de eventual recomposição do EEF,

---

[28] Essa condição foi destacada pelo mercado em pedido de esclarecimento em que foi observado se tratar de uma obrigação cujo impacto financeiro para a concessionária é **imprevisível**, já que não é possível estimar hoje o valor do investimento que seria necessário para a implantação ou adequação a uma tecnologia que surgirá no futuro e em razão disso sugeria que esse risco fosse alocado ao poder concedente. 29º Questionamento, objeto da 1ª Ata de Esclarecimentos, datada de 26 de janeiro de 2017, que se restringiu a simplesmente a manifestar que não era acatada a solicitação.

[29] Subcláusula 15.1.1. de ambos os contratos celebrados com ENTREVIAS e VIAPAULISTA.

[30] Esclarecimento nº 77, proferido no procedimento vencido por VIAPAULISTA, objeto da 3ª Ata de Esclarecimento, datada de 18 de abril de 2017.

[31] Já no procedimento anterior, vencido pela ENTREVIAS, indagação semelhante que, fundamentada no princípio da segurança jurídica, questionava se haveria prévia oitiva da contratada antes da adoção dos parâmetros de atualidade baseados nas experiências exógenas que a minuta previra, a Comissão de Licitação se limitou a responder que não se trataria de pedido de esclarecimento e, sim, de pedido modificação da minuta contratual. Trata-se do 545º Questionamento, objeto da 3ª Ata de Esclarecimento, datada de 14 de fevereiro de 2017.

a Comissão forneceu resposta[32] que aludiu às inovações tecnológicas necessárias para o atingimento dos indicadores de desempenho, ou atendimento de normas técnicas e das regras contratuais como o limite para a imposição à concessionária. Portanto, até este limite qualquer inovação tecnológica integra o risco alocado à VIAPAULISTA, porque corresponderiam apenas ao cumprimento do dever de atualidade do objeto contratual e cabe a ela responder pelos respectivos encargos financeiros. Somente inovações tecnológicas que venham a superar o mero dever de atualidade assim descrito poderão compor a dimensão da incerteza a se sujeitar aos mecanismos contratuais de recomposição do EEF.

Evidentemente, a incerteza aqui afirmada – e como ora se infere também o mercado teria vislumbrado, como denotam os pedidos de esclarecimentos formulados no curso dos procedimentos – decorre da própria alocação de riscos na respectiva matriz contratual. Foi ali alocado[33] à ARTESP o risco decorrente de modificações dos indicadores de desempenho por ela promovidas, mas somente desde que não se trate de modificações que atendam a parâmetros de atualidade e adequação.

Ora, na seara de projetos concessionários de longo prazo, a jungir os parceiros pelo prazo de trinta anos, o grau de incerteza aí representado é considerável. E seus impactos potenciais para as concessionárias ENTREVIAS e VIAPAULISTA é grande, uma vez que os custeios correspondentes somente estarão sujeitos à recomposição do EEF na hipótese de reconhecimento de que, independentemente da incorporação da inovação tecnológica que a ARTESP venha a pretender ordenar às concessionárias, em decorrência de alteração por ela

---

[32] Eis a transcrição do esclarecimento nº 77 (VIAPAULISTA) (P) e respectiva resposta (R): "P: Considerando a faculdade que é atribuída à ARTESP, questiona-se: i) a Concessionária poderá se manifestar, previamente, acerca da viabilidade de adoção desses parâmetros de atualidade? ii) a ARTESP levará em consideração o tempo demandado para as modificações e o custo que a adoção desses parâmetros de atualidade acarretará? iii) Tendo em vista a indeterminação da expressão "parâmetros de atualidade", como será definido o limite a partir do qual a sua adoção poderá ensejar o reequilíbrio econômico-financeiro do Contrato?". "(R): i) a Concessionária poderá se manifestar previamente às decisões da ARTESP sobre a atualidade do Sistema; ii) Sim, deverá ser acordado o tempo para as modificações com vistas à atualização tecnológicas, *entretanto, o custo é de responsabilidade da Concessionária*; iii) As regras que delimitam a necessidade de reequilíbrio econômico-financeiro em virtude de investimentos em inovações tecnológicas que superem a exigência de atualidade estão contidas na Minuta do Contrato. *Entende-se que as inovações tecnológicas necessárias apontadas na Cláusula 19.1 xvi. da Minuta do Contrato será* (sic) *equivalente ao dever de atualidade presente na Cláusula 15.1"*. Na EixoSP, a mesma indagação, formulada por meio do 118º Questionamento, mereceu a mesma resposta, com a exclusão do texto em destaque, por meio da 2ª Ata de Esclarecimentos, datada de 19 de novembro de 2019. Grifos nossos

[33] Risco alocado ao poder concedente, conforme subcláusula 19.2, xiii.

promovida nos indicadores de desempenho, a execução contratual já se mostre, sim, atual e adequada, o que implica admissão de relevante grau de subjetividade.

Assim, ainda que mitigada a incerteza com a manifestação prévia de ENTREVIAS e VIAPAULISTA, para fins de reconhecimento e definição dos parâmetros de atualidade[34] ao longo do tempo de execução de seus contratos, é razoável supor que essa matéria virá a ser objeto de contenda entre as partes a ser dirimida no decorrer da vigência contratual.

2.2 *Inovações tecnológicas* em EixoSP[35], ENTREVIAS e VIAPAULISTA

A tal expressão é conferido conceito específico em EixoSP[36] que induz a noção de tecnologias em que se apresentam três características: (i) possuam caráter disruptivo suficiente para serem consideradas o estado da arte tecnológica para a aplicação proposta; (ii) não sejam de ampla utilização no bem, equipamento ou em processo específico do respectivo setor econômico, e (iii) que embora possuam o potencial necessário para promover ganhos de eficiência e de produtividade na atividade desempenhada, a sua efetiva adoção não seja essencial para o atingimento dos indicadores de desempenho que venham a ser contratualmente estabelecidos, e que devem ser alcançados pela concessionária na execução contratual, sendo risco da ARTESP se por ela ou pelo poder concedente venham a ser determinadas tais inovações.

Por outro lado, embora em ENTREVIAS e VIAPAULISTA, a expressão inovação, isoladamente, ou acompanhada da adjetivação tecnológica, não tenha merecido definição específica, ela é mencionada em quatro oportunidades[37] e, dentre essas menções, a disposição da sub-

---

[34] Definidos pela ARTESP por meio das amplas formas previstas nas subcláusulas 15.1.1 e 15.1.2, de ambos os contratos de concessão, que são impregnadas por um considerável grau de subjetividade.

[35] Neste sentido, minuta do contrato, cláusulas 15.8, 15.9, 15.10, 15.11, 15.12.

[36] Cláusula 15.9 do contrato: Observado o disposto na Cláusula Décima Nona, são consideradas inovações tecnológicas, para os fins do contrato, as tecnologias que, à época de sua eventual adoção e incorporação pela concessionária, constituam o estado da arte tecnológica e não tenham uso difundido no setor de infraestrutura rodoviária nacional, e cuja utilização, não obstante tenha potencial de proporcionar ganhos de eficiência e produtividade no âmbito da concessão, seja prescindível para o atendimento dos indicadores de desempenho e demais elementos inicialmente previstos no contrato e respectivos anexos.

[37] Subcláusulas 15.2; 19.1, alínea xvi; 24.1.4 da ENTREVIAS e 24.2.3 da VIAPAULISTA; e 51.5, inciso II de ambos os contratos.

cláusula 15.2[38] somada ao esclarecimento apresentado pela Comissão de Licitação referido no item anterior fornecem elementos suficientes para sua compreensão.

A partir do contido na mencionada subcláusula se depreende que a ARTESP poderá promover alteração nos indicadores de desempenho em razão de inovações tecnológicas futuras quaisquer, determinando à concessionária sua absorção ao objeto da concessão. Portanto, o eventual exercício desse direito potestativo pela ARTESP insere um alto grau de incerteza no dimensionamento do projeto concessionário para a elaboração das propostas dos licitantes, na formulação de seus planos de negócios.

Tal incerteza pode ser considerada mitigada em favor das concessionárias pela previsão de prévia[39] manifestação delas antes das modificações nos critérios de atualidade do Sistema Rodoviário, que implique a alteração dos indicadores, e pela instauração de juntas técnicas[40] por iniciativa da ARTESP, pois dessa forma a concessionária poderá influir nos aspectos técnicos fundamentadores da proposta de alteração dos indicadores de desempenho em razão de inovações tecnológicas.

2.3 Adequação tecnológica[41] em EixoSP, ENTREVIAS e VIAPAULISTA

Expressão empregada em todos os contratos para designar exclusivamente o processo de substituição da tecnologia utilizada pelo Sistema Eletrônico de Cobrança de Pedágio.

---

[38] Cláusula 15.2 dos contratos ENTREVIAS e VIAPAULISTA: "A concessionária deverá empregar durante o prazo da concessão padrões de desempenho motivados pelo surgimento de inovações tecnológicas ou pela adequação aos padrões internacionais, devendo, inclusive, implantar e manter sistemas tecnologicamente atualizados que permitam ampla automatização das operações, tanto no sentido de elevar o nível do serviço oferecido aos usuários como no de tornar mais eficiente a consecução dos serviços não delegados".

[39] Embora o edital e a minuta do contrato de Eixo SP tenham sido silentes a esse respeito, a prévia oitiva da contratada para que se proceda a alterações nos critérios de atualidade foi admitida pela Comissão de Licitação na resposta ao esclarecimento nº 118, objeto da 2ª Ata de Esclarecimentos, datada de 19 de novembro de 2019.

[40] Subcláusula 52.5, alínea ii, em Eixo SP, e subcláusula 51.5, alínea ii, de ENTREVIAS e VIAPAULISTA.

[41] Subcláusula 19.1, alínea xxvii, de EixoSP, e subcláusula 19.1, alínea xxiii, de ENTREVIAS e VIAPAULISTA.

2.4 *Evolução tecnológica*[42] em EixoSP, ENTREVIAS e VIAPAULISTA

Esta expressão é utilizada uma única vez em cada um dos contratos, para determinar que os equipamentos e materiais de operação e sinalização devem acompanhar a evolução tecnológica durante todo o período de concessão, o que significa que é dever da concessionária garantir sua contemporaneidade no que diz respeito à tecnologia por eles usada durante a vigência contratual. Portanto, é possível concluir que se trata de expressão empregada para fazer referência ao mesmo fenômeno objeto da expressão atualização tecnológica, uma vez que ambas deitam o olhar sobre bens da concessão e a respectiva tecnologia por eles empregadas, em comparação com o estado de desenvolvimento tecnológico do respectivo mercado fornecedor de bens ou serviços.

De toda forma, diferentemente do que se deu no tratamento da atualidade e da atualização tecnológica, no caso da evolução tecnológica não houve, quer nos editais, quer nos contratos, o estabelecimento de qualquer limite para sua exigência. Considerando a ausência de qualquer questionamento a esse respeito no curso dos respectivos certames e como não se trata de hipótese que os documentos da licitação tenham sujeitado a recomposição do EEF, é de se se levar em conta a hipótese de que os agentes econômicos do respectivo setor tenham entendido plenamente absorvível essa obrigação, no curso da concessão, em seus respectivos planos de negócios, hipótese essa que não se logrou aferir e confirmar no decorrer da pesquisa.

2.5 *Outras exigências* de atualização tecnológica nos contratos analisados

Além dessas expressões mencionadas, com as aplicações até aqui destacadas, há ainda outras obrigações decorrentes de outras disposições dos documentos licitatórios, que passam a ser descritas.

---

[42] No Anexo 5 de cada um dos contratos, que dispõe sobre os serviços correspondentes às funções operacionais, em seu item 1.3, em EixoSP, e no item 3.2.1.1, de ENTREVIAS e VIAPAULISTA, ao tratar dos veículos operacionais.

2.5.1 Atualização tecnológica em decorrência de *demais exigências* em EixoSP

Especificamente no caso de EixoSP há referência[43] ao dever de atualidade ou atualização tecnológica em razão da necessidade de atendimento dos indicadores de desempenho ou de *demais exigências* contratualmente previstas. Assim, a presente pesquisa buscou identificar esses *outros deveres* que podem estar abarcados nessa derradeira expressão, sujeitando-se aos efeitos daquela cláusula contratual que, como já ressaltado, institui sistemática própria para incorporação de novas tecnologias na concessão.

Entre tais situações encontram-se prestações mais singelas da concessionária, como a entrega à ARTESP dos relatórios mensais de serviços de conservação de rotina, bem como dos relatórios anuais de drenagem, que devem ser encaminhados por meio de cópia magnética em tecnologia mais atualizada, sem que o edital ou o contrato congelem a mídia, o veículo a ser empregado para o seu encaminhamento (CD, *pen drive*, etc.).[44]

Mas alcança também hipótese prevista em disposição expressa em EixoSP, inexistente na ENTREVIAS e na VIAPAULISTA, alusiva à execução de obras previstas no Estudo de Viabilidade Técnica e Econômico-financeira (EVTE) que dependam da expedição de licenças ambientais. Muito embora o edital, o contrato e seus anexos estabeleçam o padrão e os aspectos técnicos relativos a obras que devam ser executadas pela concessionária, ou façam remissão a normas técnicas e específicas que devam ser atendidas, há a possibilidade de que o órgão ambiental competente venha a exigir, como condição para o licenciamento, que a sua execução se dê por meio de métodos não previstos inicialmente nos documentos da licitação, mas que estejam então disponíveis por meio de tecnologias contemporâneas à época do investimento.

Trata-se de um risco alocado ao contratante, sendo admitida ao contratado a instauração de procedimento destinado à comprovação da imprevisibilidade do método exigido e o correspondente desequilíbrio provocado ao projeto, objetivando a recomposição do EEF por meio das revisões ordinárias ou extraordinárias, conforme a situação requeira.[45]

---

[43] Subcláusulas 15.1, 15.4, 15.5, 15.7.
[44] Anexo 6 – Serviços Correspondentes às Funções de Conservação, do contrato de EixoSP, em seus itens 2.4.1 e 2.4.2.
[45] Cláusula 21.2.6, da minuta contratual.

Por fim, *outras exigências* da ARTESP autorizadas pela minuta contratual de EixoSP que podem implicar a substituição de bens afetados à concessão e que não decorrem dos indicadores de desempenho vêm a ser as seguintes:
(a) Os equipamentos e materiais de operação e sinalização, devem acompanhar a evolução tecnológica em toda a duração do contrato de concessão;[46]
(b) Os dispositivos de segurança, que à época da sua devolução ao contratante devem estar tecnologicamente atualizados;[47]
(c) A infraestrutura dos sistemas de pesagem de veículos, que deve ser compatível com sistema de arrecadação de tarifas baseado no conceito *free flow* e na cobrança proporcional à distância percorrida;[48] e
(d) A tecnologia empregada pelo sistema de transmissão de dados, que deve se manter atualizada durante todo o período da vigência da concessão.[49]

2.5.2 Atualização tecnológica das praças de pedágio e implantação dos conceitos *free-flow* e de pagamento proporcional à quilometragem percorrida

Todos os três contratos examinados incluem entre as obrigações das concessionárias a promoção das atividades necessárias à implantação de sistema de arrecadação tarifária na modalidade *free flow* e estabelecem que os investimentos correspondentes, serão tratados como eventos de desequilíbrio, sujeitos à revisão ordinária.[50] Além de implantação e operação de sistemas de arrecadação de tarifas de pedágio com a modalidade de pagamento automático, semiautomático e manual, as três concessões examinadas possuem a previsão de implantação futura de sistema de arrecadação baseado no conceito *free-flow*, para substituir os sistemas anteriormente mencionados ou para operação conjunta, seja a partir de determinação da ARTESP como também em razão de sugestão apresentada pela concessionária e acolhida pelo órgão regulador.[51]

---

[46] Anexo 5 – Serviços Correspondentes a Funções Operacionais, subitem 1.3.
[47] Anexo 10 – Condições de Devolução, subitem 2.6.4.
[48] Anexo 5 – Serviços Correspondentes a Funções Operacionais, subitem 4.2.1.
[49] Anexo 5 – Serviços Correspondentes a Funções Operacionais, subitem 5.2.3.
[50] EixoSP, subcláusula 16.1, alínea xlvii e ENTREVIAS e VIAPAULISTA, na subcláusula 16.1, alínea xxxiv, respectivamente.
[51] Em cada um dos três contratos, no Anexo 4 – Estrutura Tarifária e Anexo 5 – Serviços Correspondentes a Funções Operacionais.

Portanto, estes dispositivos excepcionam a regra segundo a qual a substituição de bens reversíveis não autoriza o pleito de recomposição do EEF,[52] uma vez que na substituição dos equipamentos convencionais nas praças de pedágio pelos equipamentos necessários para a implantação da modalidade de cobrança *free-flow* ou outra a ela compatível, é contratualmente reconhecido o evento de desequilíbrio.[53]

A este respeito houve manifestação específica no curso dos procedimentos licitatórios em que as respectivas Comissões de Licitação,[54] quando a este respeito indagadas, reconheceram que, na hipótese em que a implantação do sistema *free-flow* venha a produzir consequências econômico-financeiras suficientemente gravosas, os efeitos deste evento de desequilíbrio poderão excepcionalmente ser matéria de revisão extraordinária.

Há pleno incentivo para a adoção dessa modalidade de cobrança pelo parceiro privado, pois o contratante assume expressamente todos os impactos positivos e negativos que resultem de sua implantação, alcançando inclusive o risco de queda de receita tarifária pelo potencial aumento da evasão de pedágio e o risco de inadimplência do usuário, como esclarecido pela Comissão de Licitação em resposta a questionamento específico.[55]

2.5.3 Atualização tecnológica na transferência do *sistema remanescente* ao contratado em EixoSP[56]

O objeto do certame ora operado por EixoSP inclui também o Lote 8, que foi originalmente objeto do Contrato de Concessão nº 008/CR/98,

---

[52] Subcláusula 12.10, na EixoSP e subcláusula 12.5, na ENTREVIAS e VIAPAULISTA.
[53] Na subcláusula 16.1, alínea xlvii, de EixoSP, e, em ENTREVIAS e VIAPAULISTA, na subcláusula 16.1, alínea xxxiv.
[54] Além da expressa alocação de riscos neste sentido, objeto das subcláusulas 19.2 de cada um dos contratos, em sua alínea xvi, em EixoSP, e na alínea xiv, de ENTREVIAS e VIAPAULISTA, a matéria também foi abordada no 124º Questionamento na EixoSP, objeto da 2ª Ata de Esclarecimento, datada de 19 de novembro de 2019, em que há a referência às manifestações anteriormente apresentadas nos certames de ENTREVIAS e VIAPAULISTA.
[55] 204º Questionamento na EixoSP, objeto da 2ª Ata de Esclarecimento, datada de 19 de novembro de 2019.
[56] Os contratos operados por ENTREVIAS e VIAPAULISTA também incluíram nos seus objetos trechos rodoviários como sistemas remanescentes que correspondiam a concessões que se iniciaram no final da década de 90 e estavam anteriormente concedidos às empresas VIANORTE e AUTOVIAS, objetos dos Contrato de Concessão nº 002/CR/98 e nº 009/CR/98, respectivamente, ambos já extintos e integrados às novas concessões. O destaque neste tema se restringiu a EixoSP neste trabalho porque nela o detalhamento é maior a respeito da transição entre as operadoras.

celebrado em 1998 entre o Departamento de Estradas de Rodagem – DER/SP e a concessionária CENTROVIAS e que resultou do certame aberto por meio do Edital de Licitação nº 016/CIC/97. Este projeto concessionário se encontra próximo do advento de seu termo final e, por tal razão, o edital e o contrato disciplinam a transição da operação do respectivo sistema (nele denominado como sistema remanescente) das concessionárias CENTROVIAS, VIANORTE e AUTOVIAS, respectivamente, para EixoSP, ENTREVIAS e VIAPAULISTA.

No que interessa ao presente estudo, no edital da EixoSP foi lançada a previsão[57] de que, a partir da assinatura do contrato de concessão pela vencedora, a contratada possui a prerrogativa de adotar as providências que entenda necessárias a fim de verificar que a atual operadora, CENTROVIAS, tenha cumprido as condições mínimas de devolução do respectivo lote ao poder concedente, em cuja operação EixoSP sucederá a empresa CENTROVIAS. Portanto, é reconhecida a legitimidade da nova contratada para verificar que o objeto do Contrato de Concessão nº 008/CR/98 esteja sendo devolvido em bom estado, com atualização adequada, locução que o edital circunscreve aos termos originalmente previstos no Anexo 10 – Condições de Devolução do Contrato de Concessão celebrado com CENTROVIAS.

Por sua vez, a fim de identificar o contexto e a amplitude desta locução, por meio do exame do mencionado Anexo 10 do contrato de CENTROVIAS, ali se verifica que é estabelecido, em seu item 1 – Conceitos Básicos, que é obrigação da concessionária devolver o sistema rodoviário 'em bom estado, com a atualização adequada à época da devolução e garantia de prosseguimento da vida útil por 6 anos das estruturas em geral, principalmente do pavimento. Neste período não deverá ocorrer necessidade de serviços de recuperação e/ou reforços nas obras de arte especiais'.

Essa é uma obrigação estabelecida em caráter amplo e geral, que incide sobre todo o objeto "sistema rodoviário", que abrange todo o conjunto composto pelo sistema existente à época da celebração do Contrato de Concessão nº 008/CR/98, acrescido das ampliações decorrentes dos serviços prestados no período de execução daquele contrato de concessão.[58]

O destaque que o mencionado Anexo 10 contém acerca de atualização tecnológica do objeto contratual à época da devolução ao contratante se circunscreve ao item em que são descritas as condições

---

[57] Na minuta contratual da EixoSP, em seu Anexo 18 – Transição do Sistema Remanescente, em seu item 3.1.
[58] Item 1.31, do Edital de Licitação nº 016/CIC/97.

mínimas de devolução dos dispositivos de segurança, que, segundo aquele edital,[59] diz respeito a elementos ou sistemas que tenham por finalidade a redução ou da probabilidade de ocorrência de acidentes ou de sua gravidade, bem como do nível de ruídos, e que são exemplificados por defesas metálicas, barreiras rígidas de concreto, dispositivos antiofuscamento, dispositivos de redução de impacto e barreiras acústicas.

Assim sendo, é tão somente em relação a esse conjunto de elementos e sistemas de conteúdo bastante restrito e circunscrito que incide a obrigação da CENTROVIAS de devolver o sistema rodoviário com dispositivos atualizados tecnologicamente à época da devolução, e compatíveis com as alterações físicas que venham a ocorrer na faixa de domínio ao longo da concessão,[60] cabendo à EixoSP exercer a prerrogativa de verificar o efetivo cumprimento dessa obrigação da CENTROVIAS.

Na hipótese em que haja necessidade de que a nova concessionária, EixoSP, venha a realizar investimentos não previstos no EVTE para a adequação dos elementos e sistemas aos termos a que contratualmente a CENTROVIAS está obrigada, caberá a recomposição do EEF de seu contrato, como expressamente reconheceu a Comissão de Licitação, quando a este respeito indagada.[61]

2.6 Outras disposições contratuais de EixoSP, ENTREVIAS e VIAPAULISTA e observações iniciais

Além dessas expressões até aqui examinadas, há ainda a referência à necessidade de que a concessionária mantenha a compatibilidade da tecnologia empregada nos sistemas digitais de gerenciamento a serem por ela implantados, com a tecnologia empregada pela ARTESP em seus sistemas. O objetivo almejado com tal exigência é possibilitar que as informações produzidas pelo parceiro privado durante a execução contratual possam ser compartilhadas com a agência reguladora, para que essa possa empregá-las em P&D&I de projetos, como instrumento de transparência, além de utilizá-las nas suas atividades de regulação e fiscalização.[62]

---

[59] Anexo 6 – Serviços Correspondentes a Funções de Conservação, item 3.2.4.
[60] Anexo 10, item 2.6, do contrato CENTROVIAS.
[61] 318º Questionamento, objeto da 3ª Ata de Esclarecimentos, datada de 21 de novembro de 2019.
[62] Subcláusulas 15.13 e 12.13.1 de EixoSP e, 15.2.1 e 12.8.1 em ENTREVIAS e VIAPAULISTA.

Em EixoSP tal exigência diz respeito ao BIM, sistema de gerenciamento de obras por meio de *Building Information Model*, que se constitui em uma das inovações inseridas nesse projeto de EixoSP e que corresponde à tecnologia a ser empregada na elaboração dos projetos executivos pela concessionária a fim de permitir a modelagem digital de todo o sistema rodoviário e possibilitar o seu gerenciamento digital pela ARTESP e a integração com os demais sistemas digitais por ela utilizados. Essa solução permite ao órgão regulador enfrentar a questão que diz respeito à capacitação técnica do seu corpo funcional para a análise dos projetos apresentados pelo parceiro privado.

Da mesma forma, expressão semelhante é utilizada pelos documentos da licitação na descrição dos sistemas de pesagem de veículos, para fazer referência ao fato de que a infraestrutura a ser implementada pela concessionária para tais sistemas seja apropriada para a compatibilização com sistema operacional baseado no conceito de *free flow*.[63]

O fato é que a utilização das expressões atualidade tecnológica e atualização tecnológica na cláusula décima quinta de EixoSP conceituadas a partir das expressões preservação da modernidade e atualização, ora entendidas como vinculação do parceiro privado a um dever de contemporaneidade dos insumos e dos serviços da concessão, atribui ao contratado a obrigação de manter modernos os bens, e equipamentos, instalações e serviços descritos na cláusula décima quinta, até os limites a serem ainda identificados, objeto do subitem 2.7, em frente.[64]

Há nessa cláusula décima quinta de EixoSP até aqui analisada, em uma primeira aproximação, um dever imposto à concessionária, que, todavia, não se confunde com a possibilidade de adoção e incorporação de inovações tecnológicas pela contratada, a seu critério ou por determinação do contratante, como expressamente ressalvado em dispositivo contratual específico.[65] Nessas duas hipóteses o risco e os correspondentes ônus são atribuídos respectivamente à concessionária,

---

[63] Em EixoSP, no Anexo 05 do contrato, item 4.2.1, e no Anexo 05 dos contratos de ENTREVIAS e VIAPAULISTA, item 4.2.2, nestes termos: "Será de responsabilidade da concessionária implementar, para os sistemas de pesagem de veículos, infraestrutura que seja apropriada para a compatibilização com sistema operacional de arrecadação baseado no conceito de *Free Flow* (fluxo livre) e na cobrança de tarifas que reflitam a quilometragem percorrida pelos usuários". Em EixoSP a esse texto foi ainda acrescida a seguinte condição; "observado o regramento contratual e a alocação de riscos".

[64] Na exposição dos achados da pesquisa, para fins de encadeamento lógico, optou-se pela apresentação primeiramente das expressões usadas nos contratos de EixoSP, ENTREVIAS e VIAPAULISTA, objeto dos subitens 2.1 a 2.6, para somente então se passar à apresentação desses *limites* estabelecidos em EixoSP, matéria do subitem 2.7.

[65] EixoSP, Subcláusula 15.8.

com fundamento na cláusula legal geral do risco empresarial,[66] e ao contratante, a quem competirá a recomposição do EEF do projeto por meio da metodologia do fluxo de caixa marginal.[67]

2.7 Distinção central entre os contratos analisados: os *limites* para a atualização tecnológica em EixoSP

O contrato de EixoSP se distingue dos demais contratos analisados por possuir em sua décima quinta cláusula o tratamento específico[68] da sistemática para a incorporação de novas tecnologias no objeto contratual e que atribui à contratada a obrigação de manter a atualidade tecnológica do objeto. Com este objetivo, conceitua a atualidade tecnológica na execução de obras e serviços concedidos como a modernidade e atualização dos equipamentos, das instalações e das técnicas empregadas na operação e na manutenção do sistema rodoviário. A partir deste conceito são estabelecidos limites à amplitude da obrigação instituída em desfavor do contratado, por meio de pressupostos de fato que permitirão identificar se uma dada melhoria estaria ou não inserida no rol de suas obrigações, com a imposição de um dever contratual.

O dever pode nascer da revisão dos indicadores de desempenho, ou da incorporação de novas tecnologias por determinação da ARTESP, hipótese em que devem ser revistos os indicadores de desempenho e adequados às novas condições de execução contratual, ou mesmo podendo vir a serem criados novos indicadores, para vigorar a partir da celebração do correspondente termo aditivo ao contrato. Este procedimento deve se dar em sede de revisões ordinárias quadrienais, a contar do início da vigência do ajuste.

Conforme reza a subcláusula 15.1 do contrato de EixoSP são dois os pressupostos que devem alternativamente estar presentes para que se configure o *dever* de atualização tecnológica e que limitam a sua amplitude, e que passam a ser examinados detidamente.

---

[66] Subcláusula 19.1, alíneas xix e xxvii.
[67] Subcláusula 15.11.
[68] A Cláusula décima quinta, como expressamente o reconhece a subcláusula 24.2.3, que reza: "24.2.3. A revisão dos indicadores de desempenho poderá ser processada em sede das revisões ordinárias, podendo a ARTESP exigir, mediante sistemática prevista na Cláusula Décima Quinta para incorporação de novas tecnologias, a adequação dos indicadores de desempenho previstos no ANEXO 3 ou a criação de novos indicadores que reflitam padrões de atualidade, modernidade e inovação na execução das obras e serviços objeto deste contrato".

2.7.1 Pressupostos de *fato* – a atualização tecnológica dos bens reversíveis[69]

Um primeiro mecanismo previsto em EixoSP para fomentar a atualização tecnológica consiste em obrigar a concessionária a efetuar a substituição dos bens afetados à execução dos serviços delegados na concessão, em razão de sua obsolescência tecnológica que venha a ser constatada no decorrer da vigência do ajuste, caracterizada pela perda relevante de sua funcionalidade original ou pela incapacidade superveniente desses bens para possibilitar que os indicadores de desempenho ou outras exigências contratuais sejam cumpridos pelo contratado.[70]

Assim, sob a perspectiva dos bens da concessão, o conceito de atualização tecnológica, que dá nascimento ao dever da concessionária em promover sua substituição, é construído a partir da oposição entre modernidade e obsolescência: somente surge o dever de substituição de um determinado bem na hipótese em que este se encontre obsoleto. Se, ao invés, independentemente de sua data de fabricação ou de seu período de uso, o bem se encontra moderno e operacional,[71] não incide tal obrigação para a concessionária.

São estabelecidas também, em relação à substituição de bens reversíveis pela contratada ao final de sua respectiva vida útil, duas condições essenciais a serem observadas que se referem aos próprios bens substitutos. Primeiramente, esses devem ser novos e semelhantes aos bens substituídos. Além disso, é exigido ainda que eles possuam qualidade igual ou superior à atribuída aos bens substituídos.

Mas podem ainda ser destacadas condições circunstanciais que vinculam a concessionária e que são decorrentes da regra geral da lei de concessões, como um todo. Primeiramente, a substituição de bens da concessão ao final de sua respectiva vida útil deve ser imediata, sob pena de incidência de procedimento para aplicação de penalidade contratual,[72] como previsto no Anexo 11 da minuta do contrato de concessão. Além disso, tal substituição está limitada pela obrigação de continuidade da prestação dos serviços, e destas condições se depreende

---

[69] Subcláusulas 15.1, alínea "i" e 12.9 do edital. O tratamento contratual dado ao tema da atualização tecnológica procura dar concretude às determinações legais constantes do artigo 6º, §3º, da lei de concessões.
[70] Subcláusula 15.5 do contrato.
[71] Como descrito no Apêndice I do contrato de concessão.
[72] Subcláusula 12.9 da minuta contratual.

que a substituição de bens afetados à execução contratual não poderá provocar descontinuidade dos serviços, em prejuízo dos usuários, hipótese em que também incidirão penalidades contratuais.

A concessionária deve ainda observar a obrigação geral de atualização tecnológica do objeto contratual, ou seja, o bem substituído deve atender às funcionalidades e deter tecnologia que seja contemporânea ao momento da substituição.

Devem também ser observados os indicadores de desempenho, estabelecidos pelo contrato. Esta condição circunstancial prevista na subcláusula 12.9 pode ser interpretada de duas formas. O bem adquirido deve atender às necessidades da concessionária para o cumprimento das exigências mínimas que definem o serviço adequado para os fins do objeto contratual. Mas, ao mesmo tempo, dessa estipulação contratual surge uma vedação, *a priori*, de que a concessionária venha pretender se eximir do atendimento daqueles indicadores sob a justificativa de alguma impossibilidade momentânea que tenha decorrido do procedimento de substituição de bens reversíveis.

A minuta contratual destaca também que seu dever de proceder à substituição dos bens da concessão ao final de sua vida útil deve considerar o seu adequado aproveitamento e seu funcionamento, e os bens substituídos devem ser tecnologicamente atualizados e as suas condições de funcionamento devem ser idênticas ou superiores às condições dos bens substituídos.[73]

Por fim, a substituição de bens reversíveis com a finalidade de garantir-lhes a atualização tecnológica constitui risco alocado ao contratado, sendo de sua responsabilidade os respectivos custos e despesas, não gerando direito a indenização ou qualquer forma de compensação.[74] Também as atualizações e melhorias a que o particular proceda nos bens da concessão em razão de fornecimento de serviços específicos pelos seus fabricantes – o que em princípio se dá durante o respectivo período de garantia contratual em favor do adquirente – se encontram contratualmente[75] compreendidas no conceito de atualização tecnológica.

---

[73] Subcláusula 15.3 da minuta contratual.
[74] Anexo 10 – Condições de Devolução, subitem 3.5.3.
[75] Subcláusula 15.4, da minuta contratual.

2.7.2 Atualização tecnológica para atingimento de *indicadores de desempenho*

Será também considerada atualização tecnológica a que se encontra obrigada a concessionária aquela decorrente da necessidade de atingimento dos indicadores de desempenho ou de outras exigências contratuais. Esta constitui hipótese que não se confunde com aquela destacada no item anterior, uma vez que o pressuposto aqui exposto possui maior amplitude, com maior espaço de aplicação, já que não se restringe apenas aos bens afetados à concessão.

Assim, sob este fundamento contratual também as tecnologias aplicadas na execução dos serviços concedidos devem se manter modernas e atuais, no decorrer da execução contratual. Essa é a regra geral aplicável aos serviços de conservação e manutenção especial, compostos por obras e serviços que sejam necessários para a preservação do investimento inicial e para a adequação do sistema rodoviário, integrado pela malha rodoviária e por todos os elementos indicados no edital, aos padrões estabelecidos por normas e especificações técnicas e parâmetros dispostos inicialmente nos documentos da licitação, segundo critérios de execução e de qualidade. Tais serviços devem ser identificados pelo próprio contratado, mas se sujeitam a adequações a novas tecnologias[76] que venham a ser introduzidas ao longo da concessão, tanto por iniciativa do contratado, para o atingimento dos padrões estabelecidos, como em razão de norma legal futura.

Como já destacado no preâmbulo deste capítulo, os indicadores de desempenho podem ser revistos pela ARTESP, o que deve se dar por meio das revisões ordinárias com a exigência de que a concessionária proceda à incorporação de novas tecnologias, com a alteração dos indicadores de desempenho ou a criação de novos indicadores. Nesta hipótese, os impactos financeiros correspondentes às modificações promovidas pela ARTESP se sujeitam à recomposição do EEF do ajuste.[77]

No curso do procedimento licitatório que resultou na contratação de EixoSP, caberia às licitantes considerarem os investimentos previstos inicialmente no EVTE para elaboração do respectivo Plano Original de Investimentos (POI) cuja apresentação era condição para a posterior celebração do contrato, e que deveria incluir os investimentos que entendessem necessários para o atendimento dos indicadores de

---

[76] Anexo 6 – Serviços Correspondentes às Funções de Conservação, da minuta contratual da EixoSP, itens 2.3, 2.4, 2.1.4 e 3.1.1.
[77] Subcláusula 24.2.3 da do contrato de concessão.

desempenho. Como a Comissão de Licitação esclareceu após provocações específicas,[78] os investimentos necessários para este fim são considerados investimentos originalmente previstos e, portanto, não dão ensejo a pedido de recomposição do EEF da concessão.

A dúvida do mercado que motivara tal pedido de esclarecimento havia sido o entendimento de que os investimentos necessários para o cumprimento dos indicadores que não constem do POI e dos Planos de Investimentos deveriam ser objeto de recomposição econômico-financeira, todavia o esclarecimento fornecido deixou bem definido que somente os investimentos necessários para a incorporação de novas tecnologias por determinação do poder concedente ou da ARTESP poderão ser objeto de recomposição do EEF, pois se trata de risco alocado ao poder concedente pela matriz de risco contratual.[79]

Por fim, a concessionária terá a faculdade de exercer ampla liberdade para incorporar inovações tecnológicas no objeto contratual, seja com a finalidade de alcançar o nível de serviço necessário para o atendimento dos indicadores de desempenho ou mesmo na hipótese de inovações não diretamente vinculadas a esse fim, isto é, que não sejam essenciais para tal finalidade. Nesta hipótese as inovações tecnológicas em questão constituem risco expressamente alocado à concessionária porque se encontram inseridas no seu dever de manter a atualidade do serviço. Caso, por outro lado, se trate de inovações que não decorram diretamente deste dever, e que venham a ser propostas por meio do sistema digital específico e acolhidas pela ARTESP, será cabível o pleito de recomposição do EEF, como esclarecido pela Comissão de Licitação no momento oportuno.[80]

Assim, a matriz de risco alocou à ARTESP em cada um dos contratos examinados o risco de alteração nos indicadores de desempenho que venham a produzir encargos para o particular superiores àqueles que ele experimentaria em um quadro de execução contratual em condições de atualidade e adequação nos termos que o contrato especifica.[81]

Evidentemente, a presença destas condições introduz um grau de incerteza ainda considerável na concessão.

---

[78] Esclarecimentos nº 113 e 116, objeto da 2ª Ata de Esclarecimentos, datada de 19 de novembro de 2019.
[79] Cláusula 19.2, alínea xiv e subcláusula 15.2
[80] Esclarecimento nº 117, objeto da 2ª Ata de Esclarecimentos, datada de 19 de novembro de 2019.
[81] Subcláusula 19.2, alínea xiii, de cada um dos três contratos de concessão.

Ainda que em EixoSP o vínculo jurídico proposto no certame se encontre mais equânime que se mostrara nas outras relações jurídicas analisadas no presente trabalho, ENTREVIAS e VIAPAULISTA, sob o prisma da incorporação de novas tecnologias, a análise dos questionamentos propostos à Comissão de Licitação permite inferir que o mercado compreendeu que, ainda assim, a relação jurídica em EixoSP não se apresentaria de forma precisa nessa matéria. Antes, mesmo neste contrato ainda seria razoável o grau de discricionariedade da ARTESP para reconhecer qualquer dada atualização tecnológica como um investimento não previsto inicialmente ou, a *contrario sensu*, como mero reflexo do dever de atualidade dos serviços.

Ilustrativa dessa afirmação é o exame dos pedidos de esclarecimentos apresentados pelos interessados no procedimento licitatório da EixoSP. Em primeiro lugar, houve pedido[82] de esclarecimento que vislumbrou a possibilidade de que, vindo a ARTESP a pretender a modificação dos indicadores de desempenho no curso da execução contratual, a concessionária possa demonstrar que, independentemente de tais modificações, a execução contratual esteja atendendo às condições de atualidade e adequação e, neste caso, a decisão da ARTESP pela modificação dos indicadores deveria possibilitar a recomposição do EEF, já que a pretensão do órgão superaria o limite da atualização tecnológica imputada pelo ajuste ao contratado, cuja prestação se mostraria, segundo sua oportuna comprovação, atual e adequada. A resposta apresentada pela Comissão de Licitação foi positiva, confirmando o entendimento da requerente.

Em segundo lugar, houve um pedido[83] que replicou aquele anteriormente apresentado na VIAPAULISTA e já referido[84] neste trabalho e que questionou a amplitude da faculdade da ARTESP no reconhecimento dos parâmetros de atualidade da execução do serviço.

Afinal, se é dever da concessionária manter a atualidade tecnológica da concessão, e se é dever seu também incorporar as inovações tecnológicas necessárias para o atendimento dos indicadores de desempenho e se, por outro lado, é faculdade da ARTESP a modificação desses indicadores no decorrer da concessão, ao passo que a realidade concreta demonstra o surgimento em escala exponencial de novas tecnologias

---

[82] Esclarecimento nº 143, objeto da 2ª Ata de Esclarecimentos, datada de 19 de novembro de 2019.
[83] Esclarecimento nº 118, objeto da 2ª Ata de Esclarecimentos, datada de 19 de novembro de 2019.
[84] Capítulo 2, item 2.1, e notas de rodapé nº 30, nº 31 e nº 32.

que se sucedem, há aí uma subordinação evidente da concessionária a potencial decisão da ARTESP calcada em critérios subjetivos,[85] no reconhecimento da atualidade da concessão no decurso do tempo, que pode implicar a assunção de encargos pelo parceiro privado para incorporar novas tecnologias na concessão para atender indicadores de desempenho que venham a ser modificados unilateralmente pela ARTESP.

Esse quadro, segundo ora se infere, redundou na formulação do questionamento mencionado, respondido pela ARTESP de forma análoga à resposta oferecida àquele anteriormente apresentado na VIAPAULISTA.

De toda forma, é razoável a conclusão de que a prévia manifestação da contratada no procedimento de definição ou revisão da atualidade como foi reconhecido pela ARTESP em EixoSP e a constituição de juntas técnicas para qualificar a tomada de decisão relativa à incorporação de novas tecnologias acabam por mitigar essa incerteza, diante da possibilidade de uma contribuição pautada em aspectos técnicos e operacionais que por ela poderão ser apresentados, sem todavia eliminá-lo.

Diante de tal quadro, cabe aqui também a mesma conclusão a que se chegou no parágrafo final do subitem 2.1, deste capítulo.

2.8 Reflexões acerca dos aspectos contratuais da pesquisa documental realizada

A partir da análise documental de EixoSP, ENTREVIAS e VIAPAULISTA, o primeiro destaque dentre os resultados da pesquisa é a constatação de que do projeto EixoSP constam mecanismos contratuais destinados à incorporação de novas tecnologias no curso da concessão, ausentes nos outros projetos analisados, e tal iniciativa já coloca esse projeto em patamar diferenciado em relação aos outros projetos.

O segundo destaque dos resultados da pesquisa é a gama de expressões utilizadas nos documentos licitatórios dos três projetos concessionários analisados para fazer referência ao cumprimento do requisito de atualidade da prestação do serviço concedido para fins de configuração do serviço adequado referido pela lei das concessões, e

---

[85] No curso do procedimento a subjetividade aí presente chegou a ser questionada em pedido de esclarecimento específico, hipótese que a ARTESP, pela Comissão de Licitação, rechaçou. 383º questionamento, objeto da 3ª Ata de Esclarecimento, datada de 21 de novembro de 2019.

que encontra fundamento no texto constitucional. Ali são empregadas as seguintes expressões e locuções: (a) atualidade, na ENTREVIAS e VIAPAULISTA; (b) atualidade e atualização, ambas acrescidas do adjetivo tecnológica, em EixoSP; e, em todos os projetos, (c) inovação, empregada no singular ou no plural, seguida ou não do adjetivo tecnológica; (d) adequação tecnológica; (e) evolução tecnológica; e, por fim, (f) compatibilidade da tecnologia.

O terceiro destaque que a análise documental sugere é que das diferentes expressões empregadas pela ARTESP nos documentos licitatórios não se extrai o devido apreço pelo rigor sistêmico ou etimológico, já que algumas dessas são sinônimas de outras também utilizadas nos mesmos documentos, ou possuem o mesmo âmbito de aplicação, como demonstram os esclarecimentos apresentados pela ARTESP no curso dos certames, quando a isso instada pelo setor.

Além disso, a atribuição de um conceito específico e circunscrito, como aconteceu com a expressão inovação tecnológica, especificamente conceituada em EixoSP, se deu em termos peculiares ao âmbito do próprio contrato, passando ao largo das anteriores definições legislativas já existentes para tal expressão, como por exemplo na lei de inovação, como ainda em uma legislação com fins bem específicos como a Lei do Bem, de natureza tributária.[86]

A cada uma destas expressões são conferidos diferentes espaços de aplicação já descritos, e delas podem se originar obrigações imputadas ao parceiro privado decorrentes do dever de atendimento àquele dispositivo legal, a fim de manter atualizado o objeto do ajuste, durante o período de vigência do contrato de concessão.

Como o cumprimento desse dever de investimento possui evidente efeito na viabilidade econômica do projeto concessionário e se

---

[86] Em conformidade com a conceituação adotada pela lei de inovação em seu artigo 2º, inciso IV, será *inovação tecnológica* a *introdução de novidade ou aperfeiçoamento no ambiente produtivo e social* (de natureza tecnológica) *que resulte em novos produtos, serviços ou processos ou que compreenda a agregação de novas funcionalidades ou características a produto, serviço ou processo já existente que possa resultar em melhorias e em efetivo ganho de qualidade ou desempenho*, com a ressalva de que o texto legal não apôs quer à expressão definida quer à sua descrição o predicado *tecnológica*, que ora se insere de forma aderente ao texto daquele diploma legal que emprega em diversas oportunidades a expressão *inovação tecnológica*, que resulta do vocábulo nele conceituado, *inovação*, justaposto a este *predicativo*. Com âmbito de aplicação restrito, na disciplina de benefícios fiscais relativos ao IRPJ e ao IPI incidentes sobre os investimentos em P&D&I tecnológico, a Lei Federal nº 11.196, de 21 de novembro de 2005, cujo artigo 17, §1º, referida como lei do bem, conceitua *inovação tecnológica* como *a concepção de novo produto ou processo de fabricação, bem como a agregação de novas funcionalidades ou características ao produto ou processo que implique melhorias incrementais e efetivo ganho de qualidade ou produtividade, resultando maior competitividade no mercado.*

reflete nos planos de negócios elaborados pelos parceiros privados, compreender a extensão de tal obrigação pelo parceiro privado, com foco nos limites eventualmente estabelecidos nas minutas contratuais, configura uma atividade de intelecção necessária, uma vez que a partir do emprego que tais contratos fazem dessas expressões pode resultar algum grau de incerteza que dificulte o dimensionamento das despesas envolvidas, ou, por outro lado, delas pode se originar o direito subjetivo do parceiro privado em pleitear o equilíbrio econômico-financeiro (EEF) do contrato, se e quando venham a se configurar, no curso da concessão, as condições preestabelecidas no contrato. A definição etimológica dessas expressões é apresentada na Tabela 1.

TABELA 1 – SIGNIFICADOS

Atualidade	1 qualidade ou estado do que é atual
Atualização	1 ato ou efeito de atualizar(-se)
Inovação	1 ação ou efeito de inovar 2 *p. ext.* aquilo que é novo, coisa nova, novidade
Adequação	ato ou efeito de adequar(-se); adaptação
Evolução	4 todo processo de desenvolvimento e aperfeiçoamento de um saber, de uma ciência etc., ‹*e. da historiografia*› ‹*e. da física quântica*› ‹*e. da tecnologia*›
Compatibilização	1 ato ou efeito de compatibilizar(-se); conciliação, harmonização.

Fonte: HOUAISS

As expressões atualização e inovação são, portanto, vocábulos assemelhados – todavia, não são sinônimos. É intuitivo que aquilo que é novo é também atual, ao passo que o inverso não é verdadeiro, pois a coisa que é atual não é necessariamente nova. O atual pode se referir àquilo que todos os demais agentes utilizam ou empregam, ao passo que o novo não encontra similar, justamente por ser novo. De toda forma, ambos os vocábulos indicam uma ação necessária para que a atualidade da coisa, processo ou técnica seja atingida, e por essa razão ora se reconhece sua similitude.

Já a expressão evolução faz referência ao processo por meio do qual o que ou aquilo a que se refere alcança o patamar atual, seja por força da sabedoria humana orientada pela ciência ou pelo desenvolvimento da técnica aplicada, seja por força do seu desenvolvimento natural sujeito ou não a incentivos externos (como o seria para Darwin, em relação à espécie humana), ou por qualquer outra razão.

O vernáculo adequação é utilizado nos documentos de licitação analisados especificamente em referência ao sistema eletrônico de pedágios, em dispositivo que em EixoSP faz remissão à cláusula décima quinta do contrato, que trata dos outros termos já mencionados, sujeitando-a à mesma disciplina contratual. Por fim, compatibilização diz respeito ao processo movido pelo agente quando da produção de um produto ou processo ao se empenhar em harmonizá-lo com outro produto ou processo, de forma que ambos os processos ou produtos guardem entre si conciliação e mútuo trânsito de dados, informações ou insumos.

Já se registre, portanto, que, para fins de uniformidade, o presente estudo adotará de ora em diante os vocábulos inovação e atualização a partir da mera análise etimológica ora efetuada, firme na hipótese de que tal distinção se faz necessária porque diferentes serão os efeitos jurídicos a serem produzidos.

O quarto destaque a ser extraído da pesquisa inicial consiste na percepção dos limites (ou da sua ausência) da obrigação imposta à concessionária para modificar a forma da execução do objeto concedido, a pretexto de garantir a sua atualidade em razão do direito potestativo conferido à ARTESP.

Não foi sem espanto que se identificou na ENTREVIAS e VIA-PAULISTA que a ARTESP reserva para si o poder de impor no curso da concessão novas obrigações a partir de experiências e produtos desenvolvidos e adotados por outros agentes do mesmo setor econômico do Brasil ou do mercado internacional, e também por demais concessionárias de serviços públicos, o que abarca concessionárias de serviços públicos brasileiras de quaisquer setores de atuação.

Basta que o órgão entenda que a adoção das novas tecnologias identificadas no *benchmark* adotado corresponda ao cumprimento do dever de atualidade e caberá ao parceiro privado arcar com os correspondentes ônus, sem direito à recomposição do EEF. Tal evidente amplitude de possibilidades de atuação potestativa da ARTESP como prevista nos contratos introduz relevante incerteza no projeto e absoluta impossibilidade de efetivo dimensionamento dos correspondentes ônus financeiros, para fins de adequada elaboração dos respectivos planos de negócio.

Mesmo no caso da EixoSP há ainda alguma indeterminação relevante, na medida em que é amplo o grau de liberdade da ARTESP para reconhecer qualquer dada atualização tecnológica como um investimento não previsto inicialmente ou, *a contrario sensu*, como mero reflexo do dever de atualidade dos serviços.

Todavia, o reconhecimento em sede de esclarecimentos de que será dada oportunidade ao parceiro privado para se manifestar no procedimento de definição de alterações que a ARTESP pretenda promover a pretexto de incorporar novas tecnologias constitui elemento limitador dessa ampla discricionariedade da ARTESP. Da mesma forma também o é a previsão da subordinação da matéria a decisão arbitral, potencialmente precedida de instrução qualificada acerca da matéria. Esses dois elementos podem ser apontados como vetores de alguma segurança para o parceiro privado de que eventuais excessos da contraparte serão limitados.

O quinto destaque a ser apontado é relativo à matriz de risco dos projetos analisados. Os respectivos contratos atribuem ao parceiro privado o risco pela incorporação de novas tecnologias, somente ressalvando a recomposição do EEF na hipótese em que essa incorporação decorra de medida expressa e unilateralmente adotada pela ARTESP. Assim, excetuada essa hipótese, na matriz de risco de cada um dos projetos concessionários analisados as inovações e atualizações tecnológicas constituem risco atribuído ao parceiro privado.

Por fim, há um sexto e derradeiro destaque a ser feito a partir da pesquisa documental realizada, que diz respeito à adoção da arbitragem como mecanismo de solução consensual de conflitos no tema de novas tecnologias nos três projetos. Nesse tema foi conferido um tratamento distinto entre os três contratos examinados quanto à delimitação das matérias que podem ser sujeitas a solução arbitral, caso as partes não cheguem a solução consensual acerca dos temas controvertidos.

Na ENTREVIAS e na VIAPAULISTA a controvérsia originada na solicitação da ARTESP para a incorporação de novas tecnologias ou de novas técnicas no objeto da concessão se sujeita à instauração de juízo arbitral. Em EixoSP, por outro lado, a instauração de procedimento arbitral se dará em razão de um foco mais reduzido que nos dois outros contratos, pois a questão acerca da necessidade ou da desnecessidade dessa incorporação é expressamente excluída do juízo arbitral,[87] ao qual se sujeita somente a disputa a respeito da responsabilidade dos respectivos ônus financeiros que sejam decorrentes da incorporação dessas novas tecnologias ou novas técnicas, que tenham sido objeto de determinação específica da ARTESP à concessionária.

---

[87] Subcláusula 53.5, alínea 'i'.

Quanto ao órgão competente para a apreciação da contenda, na ENTREVIAS e na VIAPAULISTA foi contratualmente eleita a Câmara de Comércio Brasil-Canadá, ressalvada a possibilidade de outra escolha de comum acordo pelas partes, ao passo que na EixoSP não há eleição de juízo arbitral, cabendo à parte que instaurar o procedimento arbitral a indicação da câmara arbitral a que se sujeitará a controvérsia, dentre aquelas cadastradas no Estado de São Paulo, habilitadas à solução de controvérsias que envolvam o poder público estadual.

3 Aspectos não contratuais aplicáveis ao tema pesquisado

3.1 Considerações doutrinárias sobre o *princípio da atualidade*

O problema examinado possui relevo em razão do regramento conferido no arcabouço jurídico-normativo ao serviço adequado e à sua condição de atualidade. Então, haveria em matéria de concessão de serviços públicos um princípio de atualidade a ser observado? Ou se trataria de uma regra da atualidade objetivamente positivada pelo legislador? Ou, ainda, se trataria tão somente, ao lado das demais ali colocadas, de uma mera condição objetiva na literalidade do texto? A fim de que não se desvirtue o propósito da pesquisa, não se pretenderá aqui uma ampla abordagem a este respeito, que será, contudo, tocada na exata medida da necessidade dos desdobramentos posteriores da dissertação.

Convém tão somente examinar brevemente a interpretação que a doutrina empresta a tal disposição. As atividades pertinentes à introdução de inovações tecnológicas na execução dos serviços concedidos podem ser contempladas nos vocábulos atualização e modernização dos serviços, que Bandeira de Mello insere no bojo de um dos princípios que conformam o regime jurídico dos serviços públicos, o princípio da adaptabilidade. Contudo, o mestre já introduz a ressalva de que essa atualização será exigível dentro das possibilidades econômicas do Poder Público, o que já configura um limite objetivo para a sua incorporação.[88]

---

[88] BANDEIRA DE MELLO, Celso Antônio. *Serviço Público e concessão de serviço público*. São Paulo: Malheiros, 2017, p. 84. Cabe ressaltar que a ressalva em questão não se refere somente aos serviços públicos concedidos e, sim, a todo serviço público, uma vez que inserida no capítulo em que apresentado o regime jurídico dos serviços públicos e seus princípios conformadores.

Já Di Pietro aponta aquelas condições mencionadas no artigo sexto, parágrafo primeiro, da lei de concessões como princípios, considerando, portanto, ali presente o princípio da atualidade.[89] Alexandre Aragão dá um outro enfoque ao tema, já que inclui, no capítulo em que trata da conexão entre os serviços públicos e os direitos fundamentais, o princípio da adaptação como fundamento à atualização tecnológica dos serviços concedidos e cuja diretriz orienta a fase interna do procedimento licitatório, quando da elaboração de editais e minutas de contrato. Segundo o autor, neste momento o poder concedente poderá definir as regras que propulsionem a constante evolução tecnológica do serviço.

O autor justifica que se trataria de uma faculdade e não de um dever, em razão da baixa densidade normativa do mencionado princípio, que não tem o condão de dar nascimento a direito subjetivo dos usuários de invocá-lo. De toda forma, uma vez aplicado o princípio e definidas as regras editalícias e contratuais que estabeleçam os parâmetros para a evolução tecnológica do serviço, tais cláusulas de serviço passam a constituir fundamento a ser invocado pelos usuários a fim de exigir a melhoria na prestação dos serviços.[90]

A ressalva efetuada pelo autor relativamente à baixa densidade normativa do princípio da adaptação é salutar, posto que a sanha principiológica que por longo tempo dominou a doutrina administrativista nacional tende a produzir exigências que não atendam à razoabilidade e à proporcionalidade. Todavia, o arcabouço jurídico-institucional não parece conferir ao fomento às novas tecnologias, inclusive no exercício do poder de compras públicas, uma mera faculdade, antes se firmando como uma diretriz de fundamento constitucional, como será salientado no subitem 3.2, adiante.

Se adotado o entendimento de que a lei de concessões encerra um princípio de atualização dos serviços públicos concedidos, caberá

---

[89] DI PIETRO, Maria Sylvia Zanella. Serviços Públicos. *In:* DALLARI, Adilson Abreu; NASCIMENTO, Carlos Valder do; MARTINS, Ives Gandra da Silva (Coord.). *Tratado de Direito Administrativo*. São Paulo: Saraiva, 2013, p. 309.

[90] ARAGÃO, Alexandre Santos de. *Direito dos Serviços Públicos*. 3. ed. Rio de Janeiro: Forense, 2013, p. 514. O autor aponta uma impropriedade técnica na denominação dos assim chamados princípios do serviço público, porque corresponderiam a uma concepção amplíssima de *serviço público* que não se presta à identificação de um regime jurídico dos serviços públicos. Argumenta o autor que, em suma, os assim chamados princípios do serviço público nada mais identificam senão o próprio direito administrativo, já que não são de aplicação exclusiva aos serviços públicos. A este propósito, entende que os serviços públicos somente podem ser destacados, para fins de identificação de um regime próprio, pela impossibilidade de prestação pela iniciativa privada por direito próprio (à exceção dos serviços sociais), atuando, antes, como delegatária da Administração Pública.

ao intérprete e aplicador do Direito adotar o critério da ponderação[91] a fim de permitir a sua aplicação, como mandado de otimização do valor nele veiculado, juntamente com outros valores sufragados pelo ordenamento jurídico e que importam ao tema, tais como os princípios da mutabilidade dos contratos de concessão, da boa-fé e da segurança jurídica, que também possuem, ambos, guarida ainda que implícita no texto constitucional e nos quais se fundamenta o direito subjetivo da concessionária à manutenção das condições efetivas da proposta garantida no texto constitucional.[92]

Contudo, a adoção, pura e simples, do dever de atualização do objeto contratual, como uma máxima a ser observada pela concessionária a qualquer custo sob suposto fundamento em um princípio de atualidade sem o prévio exaurimento dos critérios de razoabilidade e proporcionalidade pode produzir um descompasso entre os ônus financeiros carreados ao projeto concessionário e as receitas que o sustentam, ora com impactos nos valores tarifários, em desfavor dos usuários, ora com impactos aos combalidos recursos orçamentários, ora inviabilizando a continuidade da prestação dos serviços pelo contratado, em razão do desequilíbrio econômico-financeiro a ele infligido.

Por essa razão, é plenamente aplicável à hipótese a assertiva de Moreira que aponta o perigo do prestígio exacerbado dos princípios[93]

---

[91] Com sustento na clássica lição de Robert Alexy, lembra Binenbojm que: "Ao contrário das regras, que são normas binárias, aplicadas segundo a lógica do 'tudo ou nada', os princípios têm uma dimensão de peso, sendo aplicados em maior ou menor grau, conforme juízos de ponderação formulados, tendo em conta outros princípios concorrentes e eventuais limitações materiais à sua concretização". BINENBOJM, Gustavo. *Uma Teoria do Direito Administrativo*: direitos fundamentais, democracia e constitucionalização. 3. ed. rev. e atual. Rio de Janeiro: Renovar, 2014, p. 31. Saliente-se que não se olvida da discussão doutrinária acerca da aplicação de tais critérios propostos por Alexy somente a conflitos de princípios de estatura constitucional ou se também aplicáveis quando se trate de princípios albergados na legislação infraconstitucional; todavia o desenvolvimento do trabalho não reclama que se esgote esse tema com a defesa de uma ou outra posição, quer porque a *atualidade* referida na lei das concessões pode ser entendida como reflexo da definição de serviço adequado, em atendimento ao artigo 175, da Constituição, quer também porque o encadeamento lógico a ser desenvolvido neste capítulo não se esgota no presente subitem.

[92] Art. 37, inciso XXI. Já se faz aqui uma relevante anotação: como lembra Ribeiro, a Constituição não fala em equilíbrio econômico-financeiro do contrato e, sim, em *manutenção das condições efetivas da proposta*, cujos *critérios* e *metodologia* dependerão de previsão *legal* ou, como geralmente se dá, *contratual*. RIBEIRO, Maurício Portugal. *Concessões e PPPs*: melhores práticas em licitações e contratos. São Paulo: Atlas, 2011, capítulo III, subitem 5.1.2.1 – Exemplo de matriz de riscos (acessado na versão digital, disponibilizada pelo autor no endereço http://www.portugalribeiro.com.br/ebooks/concessoes-e-ppps/).

[93] O autor aponta para o risco de aplicação de princípios sem quaisquer critérios, 'instalando opiniões flutuantes e rapidamente mutáveis, as quais pouco ou nada têm a ver com a segurança das relações jurídicas'. E em apoio à sua benfazeja argumentação, Moreira lança

e a aventada corrida dos princípios, na busca de descoberta de novos princípios. O autor aponta que os 'princípios' contidos no artigo sexto da lei de concessões não são exclusivos dos serviços concedidos, antes, alcançam todo o gênero serviço público.

De toda forma, o dever da concessionária de manter o serviço adequado constitui um pressuposto que, no entender de Moreira, consiste na finalidade a ser almejada na celebração da concessão, que é a própria razão de ser da concessão: esse é o seu objetivo primário, que não pode ser ignorado nem sujeito a atos que o desvirtuem, cujo atingimento será buscado por meio do modo que o órgão administrativo tenha estruturado o projeto. Os poderes instrumentais administrativos que serão utilizados pela Administração para o alcance dessa meta deverão ser exercitados na justa medida que permita o seu alcance eficiente.[94]

Por fim, como a disponibilização de serviço adequado aos usuários é uma exigência constitucional, independentemente de sua prestação se dar de forma direta, pela própria Administração Pública, direta ou indireta, ou por meio de parcerias firmadas com a iniciativa privada, é necessário que se faça um registro acerca dos fundamentos que viabilizam a responsabilização do parceiro privado pelo nível de adequação dos serviços, conquanto se trate de concessões comuns, patrocinadas ou administrativas.

Nas concessões comuns, o fundamento se encontra cumulativamente no artigo 175, parágrafo único, inciso V, regra geral aplicável a todos os serviços públicos que veicula uma norma de eficácia contida, sujeita à deliberação do legislador infraconstitucional, e no artigo 6º, §§1º e 2º, da lei das concessões.

---

referência a Paulo de Barros Carvalho, nestes termos: "A esse respeito a advertência de Paulo de Barros Carvalho: 'Ora, a proliferação de princípios, nos mais variados setores da disciplina dos comportamentos interpessoais, é uma realidade viva momento por que passa a sociedade brasileira. Há princípios para todas as preferências, desde aqueles tradicionais, manifestados expressamente ou reconhecidos na implicitude dos textos do direito positivo, até outros, concebidos e declarados como entidades que dão versatilidade ao autor do discurso para locomover-se livremente, e ao sabor de seus interesses pessoais, na interpretação do produto legislado. E lidar com tais estimativas é algo perigoso que promove a politização do trabalho hermenêutico, enfraquecendo o teor da mensagem, na medida em que o exegeta passa a operar em padrões móveis de referência, que se deslocam facilmente no eixo das ideologias e das tendências emocionais daquele que interpreta. Todavia, a presença axiológica não pode assumir dimensões incontroláveis, sob pena de não atingir aquele *minimum* de segurança ínsito à existência do dever ser (...)'". CARVALHO, Paulo de Barros. Prefácio. *In*: ÁVILA, Humberto. *Teoria da Igualdade Tributária*. 2. ed. São Paulo: Malheiros Editores, 2009, p. 9-10. *Apud* MOREIRA, Egon Bockmann. *Direito das Concessões de Serviço Público, inteligência da Lei 9.987/95 (Parte Geral)*. São Paulo: Malheiros Editores, 2010, p. 239, nota de rodapé 307.

[94] *Op. cit.*, p. 245-264.

As concessões patrocinadas, de seu turno, são alcançadas tanto pelo mencionado fundamento constitucional como por aquele dispositivo da lei das concessões, em razão da aplicação subsidiária prevista no artigo 3º, §1º, da lei das parcerias público-privadas (PPP),[95] além da regra específica que consta na lei de PPP, artigo 5º, inciso V.

Em se tratando de contratos relativos a concessões administrativas de serviços públicos, aos quais não se aplicam o artigo 6º, §§1º e 2º, da lei das concessões, em razão do disposto no artigo 3º, *caput*, da lei de PPP, incidem tão somente a regra geral mencionada, advinda do texto constitucional, e a regra específica da lei de PPP a que se acaba de referir.[96]

De toda forma, sob qualquer desses vínculos, independentemente de que se confira à atualidade do objeto delegado, como referida no artigo 6º, §§1º e 2º, da lei de licitações, a envergadura de um princípio ou, alternativamente, se considere que se trata de desdobramento do princípio da adaptação ou do princípio da mutabilidade, com fundamento no dever de prestação de serviço público adequado, competirá ao intérprete e ao aplicador das normas jurídicas a necessidade de adotar o critério da ponderação, para fins de compatibilizar a atualidade almejada com outros princípios de estatura constitucional ou legal, que também incidem sobre a relação jurídica estabelecida por meio do contrato de concessão.

Primeiramente, sob o aspecto da boa-fé entre os contratantes, se mostra inadmissível que o ente estatal almeje, oportunisticamente, auferir vantagens da relação jurídica concessória além daquelas expressamente admitidas no contrato originalmente celebrado, que orientaram a elaboração das propostas apresentadas no procedimento licitatório, consubstanciadas nos respectivos planos de negócios. Assim, quaisquer exigências não previstas originalmente que o contratante pretenda fazer no curso da execução contratual sob o fundamento do dever de prestação de serviço adequado não podem ter o condão de produzir ônus financeiros desproporcionais ou desarrazoados ao parceiro privado.

Já sob a perspectiva da segurança jurídica tanto maior relevo adquire o exame constitucional do tema. Entre nós Ávila produziu

---

[95] Lei Federal nº 11.079, de 30 de dezembro de 2004.
[96] Essa distinção é relevante porque a mera referência, no texto constitucional, a *serviço adequado*, em norma de eficácia contida que não possui densidade normativa alguma para que permita dali a extração dos contornos da obrigação ali imputada ao prestador dos serviços, seja órgãos e entidades estatais ou parceiros privados, acaba por apontar para outra temática, referente ao pressuposto do serviço adequado em *concessões administrativas*, que extrapola o raio de abrangência da presente pesquisa.

magistral obra acerca deste princípio em que aponta que mais que proteger a segurança jurídica, nosso texto constitucional consubstancia em si mesmo a própria segurança jurídica, 'ela é uma Constituição da segurança jurídica, por excelência', de forma que se trata de um princípio fundamental que caracteriza a integralidade da Constituição, ainda que nela não se possa identificar algum dispositivo que lhe faça menção expressa e específica.

O autor destaca que, mais que principiológica, nossa Constituição é regulatória. Não obstante o autor defenda tal assertiva a partir de análise que se desenvolve mormente sob o prisma do sistema constitucional tributário,[97] é possível estender o mesmo raciocínio por ele desenvolvido para o regime dos serviços públicos e as relações jurídicas que o Estado estabelece nesse campo. Ora, a Constituição atribui as competências para a prestação dos serviços públicos entre os entes federativos, define a forma de sua prestação, atribui ao legislador constitucional o dever de disciplinar os direitos dos utentes, a política tarifária dos serviços concedidos ou permissionados, bem como a obrigação da prestação do serviço adequado e aponta a exigência de universalidade da prestação em relação a determinados serviços, fornecendo a superestrutura que dá conformação aos serviços públicos.[98]

Assim, parafraseando a lição de Ávila por ele aplicada com especial relevo na matéria tributária, a segurança jurídica consiste em vetor constitucional que rege as concessões comuns, patrocinadas e administrativas, bem como as permissões de serviço público, celebradas com os parceiros privados. Isto significa que, sob o aspecto material, algumas garantias[99] devem ser observadas em relação à concessionária.

A *determinação* (*certeza* em caráter absoluto, derivada da preexistência do respectivo conjunto normativo que regerá a relação contratual) e a *cognoscibilidade* (ou *compreensibilidade*, que se refere à *certeza* em caráter relativo, isso é, a partir da perspectiva da concessionária, como expressão de sua capacidade de conhecimento do conjunto de

---

[97] ÁVILA, Humberto. *Teoria da Segurança Jurídica*. 5. ed. rev., atual. e ampl. São Paulo: Malheiros Editores, 2019, p. 216-218.
[98] Artigos 21, incisos X, XI e XII, XV, XVIII, XXII; 23, incisos II, III, V; 25, §2º; 30, inciso V; 196; 208, inciso II; 211, §4º; 212, §3º; 214, inciso II; 216-A, §1ª, inciso II; art. 60, inciso III, do ADCT, entre outros.
[99] *Op. cit.*, p. 140-144. Nas alíneas que seguem, delineadas a partir do ensinamento de Ávila, que o autor aplica à matéria tributária, mas que entende aplicável também à seara administrativa, esta dissertação passa a propor uma adaptação específica para o campo das concessões de serviço público, mas que também pode ser adaptada para o alcance dos contratos de compras públicas do regime geral.

normas legais e contratuais pertinentes) dos *direitos, deveres, garantias, ônus* e *responsabilidades* imputados à concessionária; portanto, sob esses ambos aspectos, o conteúdo da norma individual dirigida à contratada, derivada do edital de licitação, do contrato de concessão e dos regulamentos pertinentes, deverá ser objeto de conhecimento *prévio*, pelo particular licitante, de todo esse arcabouço, inclusive como forma de possibilitar a formulação de sua proposta financeira e a elaboração de seu plano de negócios.

A *imutabilidade* do direito aplicável, expressão voltada ao passado à qual Ávila confere o sentido de estabilidade normativa, apreendida como um ideal, e que, em matéria de concessões, mutáveis por sua natureza, ora se traduz no presente texto na intangibilidade da equação econômico-financeira; e a *confiabilidade*, que se refere à *estabilidade na mudança*, que somente é alcançada por meio da efetiva proteção dos direitos conferidos ao parceiro privado pela lei, pelo edital e pelo contrato, e por meio de procedimentos de alterabilidade contratual que protejam as legítimas expectativas do contratado.

A *previsibilidade*, que se projeta ao futuro, de forma a garantir que a concessionária possa antecipar as consequências jurídicas de suas ações e seus atos, ou seja, a garantia de que a contratada conheça, com exatidão o conteúdo normativo que no futuro pretenda alcançar a sua ação hoje praticada; e a *calculabilidade*, que consiste na capacidade de previsão dos limites da ação interventiva estatal e de conhecimento prévio da amplitude da discricionariedade administrativa. Aqui, antes de adaptar a proposta de Ávila aos contratos de concessão, cabe um breve apontamento a propósito da *previsibilidade*.

É evidente que essa se trata de garantia que possui inegável relevância em matéria tributária e guarda íntima relação com o direito fundamental expresso no artigo 5º, inciso XXVI, da Constituição Federal. A sua transposição para o campo das concessões de serviço público encontrará nas cláusulas penais previstas no contrato a seara de plena aplicabilidade,[100] ao passo que essa garantia não se parece amoldar à

---

[100] Aliás, quanto à discussão acerca da extensão dos direitos fundamentais à pessoa jurídica do concessionário, adotamos posição pela sua possibilidade, com fundamento na doutrina segundo a qual "não há, em princípio, impedimento insuperável a que pessoas jurídicas venham, também, a ser consideradas titulares de direitos fundamentais, não obstante estes, originalmente, terem por referência a pessoa física. Acha-se superada a doutrina de que os direitos fundamentais se dirigem apenas às pessoas humanas. Os direitos fundamentais suscetíveis, por sua natureza, de serem exercidos por pessoas jurídicas podem tê-las por titular. (...) Garantias, porém, que dizem respeito à prisão (*e.g.*, art. 5º, LXI) têm as pessoas físicas como destinatárias exclusivas". MENDES, Gilmar Ferreira; COELHO,

temática da incorporação de novas tecnologias no decorrer da relação contratual, como de resto sequer aos contratos de longo prazo na sua inteireza, em razão de sua incompletude, que lhes é ínsita.

De toda forma, a partir da garantia de *calculabilidade* se extrai aplicação imediata para o tema desenvolvido neste trabalho. Seu reconhecimento implica inferir uma *proibição*[101] implícita dirigida ao Poder Público concedente de agir unilateralmente em campo que extravase a esfera delimitada de sua discricionariedade previamente *conhecida* pela concessionária.

Por fim, cabe fazer referência ao PPI – Programa de Parcerias de Investimento, de que trata a Lei nº 13.334, de 13 de setembro de 2016, de aplicação restrita aos projetos nele contemplados, mas que entre os seus objetivos inclui assegurar a estabilidade e a segurança jurídica, e como um de seus princípios condutores a máxima segurança jurídica aos agentes públicos, às entidades estatais e aos particulares envolvidos.[102] A pertinência dessa menção reside no fato de que essa diretiva reforça a imperiosidade de que a modelagem e a estruturação do projeto

---

Inocêncio Mártires; BRANCO, Paulo Gustavo Gonet. *Curso de Direito Constitucional*. 2. ed. São Paulo: Saraiva, 2008.p. 271.

[101] O vocábulo *proibição* é aqui utilizado a partir das lições de Ferraz Jr. como operador deôntico que expressa norma de conduta dirigida à Administração concedente que, ao assegurar à concessionária a segurança jurídica frente a quaisquer atos arbitrários do contratante, estabelece um limite para o agir de seu parceiro público. Anote-se que o autor aponta quatro relações de coordenação: relações de coordenação de *dever*, relações de coordenação de *faculdade*, relações de coordenação de *liberdade* e relações de coordenação de *não faculdade*. A essas se contrapõem as relações de subordinação, a saber: relações de subordinação de *potestade*, relações de subordinação de *imunidade*, relações de subordinação de *sujeição* e relações de subordinação de *impotência*. Vide FERRAZ JR., Tércio Sampaio. *Introdução ao Estudo do Direito*: técnica, decisão, dominação. 4. ed. São Paulo: Atlas, 2003, p. 164-170; Vide FERRAZ JR., Tércio Sampaio. *Introdução ao Estudo do Direito*: técnica, decisão, dominação. 11. ed. São Paulo: Atlas, 2019, 129-134. Aliás, é tentador buscar na dogmática desenvolvida pelo mencionado autor a compatibilidade entre as relações jurídicas derivadas das concessões e a proposta que o mestre desenvolve em sua dogmática. A sobreposição dessa diretriz aos contratos de concessão traz à baila a própria evolução do Direito Administrativo. Se a doutrina administrativista tradicional calcada na supremacia do interesse público e numa relação verticalizada entre o Estado e os cidadãos, característica de uma relação comando-controle, irrefutavelmente classificaria a relação jurídica concessória como uma relação de subordinação, quer-nos parecer que o direito administrativo moderno, em seu caminhar em direção a uma relação mais fluída com o direito privado e para a emergência de uma relação de consensualidade, tenderia a erigir relações de coordenação nas relações jurídicas derivadas das concessões e permissões de serviço público. Neste sentido, adotando a partir da mencionada lição de Ferraz, entende o autor da presente obra que as relações jurídicas estabelecidas em um contrato de concessão apresentam um complexo multifacetado de espaços de deveres e obrigações, e de faculdades ou de liberdades, bem como hipóteses de proibição, dirigidos a cada uma das partes contratantes, tudo conforme estabelecido nos limites do contrato celebrado.

[102] Artigo 2º, inciso IV, e artigo 3º, inciso III.

concessionário resguardem a segurança jurídica e o descabimento de posturas unilaterais do Poder Público concedente.

3.1.1 Conclusão parcial

O dever que incumbe ao Poder Público de prestar serviço adequado aos usuários decorre do texto constitucional veiculado em norma de eficácia contida, que incide em caráter geral, quer se trate de serviço executado diretamente ou sob regime de concessão ou permissão. Contudo, o comando constitucional não possui densidade normativa suficiente para impingir condutas, já que a locução *serviço adequado* e a sua condição de *atualidade* comportam indisfarçável subjetividade e correspondem a conceitos jurídicos indeterminados. Portanto, a apreensão de seu pleno sentido deverá decorrer das normas e regulamentos que regem o serviço público em questão, estampados nos editais e minutas contratuais.

Assim sendo, optando o Poder Público pela execução indireta dos serviços, por meio da sua delegação aos parceiros privados, em regime de concessão, caberá ao projeto levado a certame público conferir a concretude necessária para o que deva ser compreendido como adequação do serviço. Caberá ao contratante *ex ante* definir *quais* as condições que deverão ser atendidas para o fim de que se entenda atendida a sua atualidade, conforme a disciplina estabelecida em lei, no edital de licitação e no contrato, cujo cumprimento poderá ser validamente exigido do parceiro privado.

Essa materialização do princípio da adaptação ou da atualidade se dará segundo as regras estabelecidas em contrato, com a fixação dos indicadores de desempenho. Será adequado o serviço, atendendo a condição de sua atualidade, se atingidos pelo concessionário esses indicadores.

Porém, na ausência dessa concretude da definição da adequação do serviço sob o aspecto de sua atualidade, restará ao intérprete se valer de regras que possibilitem o reconhecimento da amplitude e extensão desta condição. Para esta finalidade, é recomendável que se tome como ponto de partida que, uma vez reconhecida a atualidade como princípio regente dos serviços públicos concedidos, sua incidência se sujeitará à valoração segundo critérios de ponderação, juntamente com outros princípios administrativos, como a boa-fé e a segurança jurídica.

Deste juízo de ponderação resultam *limites negativos* para a atuação potestativa do poder concedente por meio de determinação unilateral, fundamentada em conceitos jurídicos indeterminados, para que o parceiro privado promova a incorporação de novas tecnologias no curso da concessão, às suas custas, e que consistem em:

(a) A *boa-fé* que rege a relação entre as partes configura limite objetivo a essa pretensão, que vem a lume por meio dos critérios da razoabilidade e da proporcionalidade. A partir da enunciação que Bandeira de Mello faz da razoabilidade (como princípio) se pode concluir que em sede de concessões a determinação do Poder Público contratante ao parceiro privado para incorporação de novas tecnologias no curso da concessão, às suas expensas, somente atenderá à razoabilidade se evidenciada a busca da providência ótima para o serviço concedido. Já o critério da proporcionalidade se traduz na noção de que o exercício das competências discricionárias se sujeita à extensão e à intensidade estritamente necessárias para o alcance do fim público colimado. Desta forma, a fiel observância do limite daí advindo conduz à necessidade de que a determinação do poder concedente seja antecedida de estudo objetivo que demonstre que as vantagens advindas para a concessão a partir da incorporação pretendida se equivalem aos correspondentes ônus financeiros.[103]

(b) A *segurança jurídica* sob o binômio *determinação-cognoscibilidade* configura uma garantia de que a concessionária possua ampla clareza dos encargos que poderão vir a ser a ele determinados pelo Poder Público contratante para fins de incorporação de novas tecnologias, previamente à celebração do contrato de concessão.

---

[103] *Op. cit.*, p. 111-115. Os contornos oferecidos por Bandeira de Mello para delimitar positivamente a *razoabilidade* são: (a) critérios aceitáveis do ponto de vista racional; (b) em sintonia com o senso normal de pessoas equilibradas; (c) decisão respeitosa do feixe competência legalmente atribuída; (e) prudência; (g) sensatez; (h) exercício da discricionariedade na medida ideal que a situação concreta exija para o entendimento às finalidades da lei. Note-se que, além destes aspectos considerados positivamente (razoabilidade *é*), no referido texto o autor discorre longamente pelos aspectos negativos (razoabilidade *não é*) e justifica em razão da dificuldade de definição de qual seja a solução ótima para cada situação concreta, que deve ser perseguida pelo gestor público no exercício da discricionariedade administrativa. Quanto à *proporcionalidade* o mestre aponta sua decomposição conforme proposta por Canotilho, em três elementos, a saber, *adequação, necessidade* e *proporcionalidade em sentido estrito; adequação*: a medida deve ser apropriada ao fim almejado; *necessidade*: a ação discricionária deve provocar a *menor* ingerência possível ao administrado/particular; e *proporcionalidade em sentido estrito*: equivalente à *justa medida* entre o meio proposto e o fim em vista, que se dará por meio do exercício de um juízo de *vantagens* e *desvantagens*.

(c) Ainda a *segurança jurídica*, agora sob a ótica dúplice da *intangibilidade-confiabilidade*: novos investimentos que não tenham sido originalmente previstos à época da licitação, a pretexto de incorporação de novas tecnologias no curso da execução contratual encontram o limite da intangibilidade da equação econômico-financeira da relação jurídica contratual firmada no pacto concessionário e da proteção à *expectativa* da dimensão dos encargos que lhe serão imputados durante a vigência do contrato e devem, portanto, implicar a recomposição desta equação.

(d) Por fim, a *segurança jurídica* a partir do vértice *previsibilidade-calculabilidade* se projeta nas relações jurídicas concessionais especificamente pelo seu segundo aspecto (*calculabilidade*),[104] que constitui uma garantia a partir da qual se infere uma *proibição* implícita dirigida ao Poder Público concedente de agir unilateralmente em campo que extravase a esfera delimitada de sua discricionariedade previamente conhecida pela concessionária. Em decorrência desta projeção, novos investimentos que não tenham sido originalmente considerados em seu plano de negócios não podem ser a ela carreados sem a devida recomposição da equação econômico-financeira (EEF).

A relevância de trazer a perspectiva das implicações do princípio da segurança jurídica à presente pesquisa, ainda que tomando por empréstimo a doutrina calcada na seara tributária, fica evidenciada pela recente alteração legislativa que reconfigurou a perspectiva das relações jurídicas de direito público com os novos dispositivos introduzidos na Lei de Introdução às Normas do Direito Brasileiro (LINDB).

3.2 A política tarifária como instrumento da política pública de fomento à inovação e atualização tecnológica

A efetividade das políticas públicas de inovação no país tem sido objeto de diversos estudos que demonstram a necessidade de acompanhamento de tais políticas nas suas várias modalidades, desde a

---

[104] Uma vez que a plena *previsibilidade* não é própria dos contratos de longo prazo, cuja incompletude é inerentemente natural, como destacado na obra de Carmo, referida anteriormente na nota de rodapé nº 10.

subvenção econômica por meio de programas específicos implantados pelo Conselho Nacional de Desenvolvimento Científico e Tecnológico (CNPq) e a Financiadora de Estudos e Projetos (Finep), aos programas de incentivos fiscais, até a regulação de patentes e ao estímulo ao aporte de *venture capital* para que capital de risco seja investido em empresas emergentes de base tecnológica. O fomento da P&D em inovações tecnológicas é reconhecido como política pública essencial para o desenvolvimento de produtos, serviços e processos, ampliação do mercado interno, qualificação da mão de obra e geração de emprego e renda e consiste em caminho necessário para o desenvolvimento do país e redução da distância que separa setores econômicos brasileiros das economias centrais.[105]

Ao passo que no setor privado o Estado é o necessário agente facilitador da P&D&I, por meio das políticas públicas específicas, no setor público ele passa a ser o próprio responsável pela promoção da inovação, tanto na utilização do seu poder de compra como na própria prestação de serviços, diretamente ou por meio de parcerias com o setor privado.

Todavia, na quadra atual em que o desenvolvimento tecnológico se encontra em escala exponencial, as novas gerações dos nativos digitais tenderão a colocar aos governos o desafio de cada vez mais possibilitar o acesso a serviços por meios digitais, e este tema deve ser olhado como uma necessidade dos entes governamentais até como medida confirmatória de sua legitimidade.[106]

---

[105] Um bom panorama das políticas públicas nacionais em P&D&I pode ser visto em: DE NEGRI, João Alberto; KUBOTA, Luis Cláudio (Org.). *Políticas de Incentivo à Inovação Tecnológica no Brasil*. Brasília: IPEA, 2008, com foco na ação de fomento estatal dirigida ao setor privado.

[106] Neste sentido, Letícia Piccolotto, *Founder* e Presidente do Conselho do BrazilLAB, *hub* de inovação voltado para o Poder Público, em entrevista ao INFRACAST, MARCATO, Fernando Scharlack, e COHEN, Isadora, episódio nº 18 (*podcast* disponível na plataforma de *streaming* Spotify). No Brasil algumas medidas têm sido implantadas recentemente. Exemplifique-se com o programa Espírito Santo na Palma da Mão – ESPM e com os estímulos ao desenvolvimento de inovações a partir das atividades de *startups* como proposto pelo Governo do Estado de São Paulo por meio dos *pitchs* (disponíveis no endereço eletrônico http://www.pitchgov.sp.gov.br/), em que a efetiva contratação final das soluções inovadoras apresentadas aos problemas específicos e concretos propostos pelos órgãos estatais ainda é um desafio. Já se ressalva que a própria apresentação de solução inovadora por uma *startup* em um *pitch* permitiria a contratação com fundamento na *inexigibilidade de licitação*, sem prejuízo da contratação por *dispensa de licitação* como *encomenda tecnológica*, na forma do artigo 20 da lei de inovação c/c artigo 24, inciso XXXI, da lei de licitações e contratos administrativos. Todavia, como destacado por Guilherme Dominguez no *podcast* mencionado, há ainda uma *barreira cultural* e o desafio do *controle* a serem superados.

Um estudo[107] que teve por objeto o exame de iniciativa de promoção de inovação do governo federal aponta como o estabelecimento da matriz de incentivos para a inovação no setor público é um desafio tanto maior que no setor privado. Neste estudo foi destacada a essencialidade da atuação inovadora nos serviços públicos e da assunção pelo Estado de sua função como senhor da ação inovadora. A partir do mencionado estudo, é razoável a compreensão de que, em se tratando de serviços prestados indiretamente, por delegação a empresas privadas que almejam o lucro, os incentivos, é necessário que mecanismos econômicos se façam presentes e, sob este aspecto, o estímulo à inovação tecnológica nos serviços concedidos por meio da garantia da recomposição do EEF da concessão em razão dos investimentos realizados pelo concessionário parece ser o instrumento lógico.

Aliás, uma das funções da política tarifária, que inclui o sistema de reequilíbrio econômico-financeiro, é justamente a realização de políticas públicas.[108] Desta forma, a efetividade da política pública de fomento à inovação nos serviços públicos, especificamente naqueles prestados indiretamente por meio de contratos de concessão celebrados com a iniciativa privada, deve necessariamente contemplar a hipótese legal de fomento à inovação tecnológica, sem desprestigiar a manutenção da equação econômico-financeira do projeto concedido.

O contrato de concessão de serviços públicos, no exercício da função de regulação por contrato do respectivo setor econômico em que atua o parceiro privado contratado, constitui por si só instrumento adequado à disposição do Poder Público para estimular que novas soluções tecnológicas sejam desenvolvidas, com amplos benefícios sociais, tanto na melhoria da qualidade dos serviços concedidos como

---

[107] OLIVEIRA, Luiz Guilherme de Oliveira; SANTANA, Rafael Liberal Ferreira de; GOMES, Vanessa Cabral. *Inovação no setor público*: uma reflexão a partir das experiências premiadas no Concurso Inovação na Gestão Pública Federal. Brasília: Escola Nacional de Administração Pública – ENAP, 2014.

[108] Ao destacar essa função da política tarifária, Egon Bockmann em antiga obra já fazia remissão a anterior decisão do Supremo Tribunal Federal sobre a constitucionalidade do passe livre a portadores de deficiências no transporte rodoviário, nos autos da ADI nº 2.649-DF e, fazendo remissão ao voto nela proferido, o autor destacava que "caso a política pública implique desequilíbrio econômico-financeiro, 'este não é um dado que conduz à inconstitucionalidade da lei em questão. Tanto se resolve na comprovação dos dados econômicos a serem apresentados quando da definição das tarifas nas negociações contratuais com o poder concedente. Se sobrevier desequilíbrio da equação econômico-financeira do contrato a matéria será objeto de ilegalidade, a se provar no caso específico', como registra o voto da Relatora, Min. Cármen Lúcia". MOREIRA, Egon Bockmann. *Direito das Concessões de Serviço Público, inteligência da Lei 9.987/95 (Parte Geral)*. São Paulo: Malheiros Editores, 2010, p. 325-326.

na racionalização dos recursos empregados no financiamento da concessão, eventualmente contribuindo com a modicidade tarifária.

Por fim, uma derradeira e necessária observação deve ser feita. Nos serviços públicos concedidos objeto de concessões públicas, comuns, patrocinadas e administrativas, a implementação de políticas públicas específicas voltadas à inovação ainda não se encontra difundida e é um desafio a ser enfrentado.[109] Justamente diante disso sobressai a relevância da nova disposição introduzida na lei de inovação, em seu artigo 19, §2º-A, inciso XII,[110] que eleva contratos de concessão de serviços públicos à função de instrumento de promoção da P&D&I tecnológica. Trata-se ali de cláusula contratual específica que, embora não tenha sido adotada nos contratos de concessão examinados no presente estudo, veicula a decisão do Estado brasileiro de fomentar a inovação tecnológica, inclusive nos serviços concedidos, em consonância com a decisão estatal que tomou para si a função de fomento à inovação.

Se os fundamentos constitucionais do dispositivo já o demonstram, o texto do dispositivo não deixa dúvidas: os órgãos estatais e agências de fomento *promoverão* e *incentivarão* P&D por meio dos instrumentos mencionados, na lei, sem prejuízo de que outros venham a ser adotados, não cabendo aos órgãos públicos desse dever se furtar. Aliás, especificamente no que diz respeito ao gerenciamento e operação da infraestrutura de transportes, a legislação federal que regulamenta o setor no âmbito da esfera de competência da União, inclui entre os princípios e diretrizes, o estímulo à P&D de tecnologias aplicáveis a esse setor.[111]

---

[109] O único exemplo no território nacional localizado entre as concessionárias de serviço público no decorrer da presente pesquisa foi o *pitch* promovido pela concessionária paulista de serviços de saneamento, por meio da apresentação de 27 desafios voltados para *startups*, pessoas físicas e empresas, como se observa do edital divulgado para a primeira (e até o presente momento) única edição, disponível no seguinte endereço eletrônico: http://www.sabesp.com.br/pitchsabesp/pdfs/edital_pitch_sabesp.pdf.

[110] Art. 19: A União, os Estados, o Distrito Federal, os Municípios, as ICTs e suas agências de fomento promoverão e incentivarão a pesquisa e o desenvolvimento de produtos, serviços e processos inovadores em empresas brasileiras e em entidades brasileiras de direito privado sem fins lucrativos, mediante a concessão de recursos financeiros, humanos, materiais ou de infraestrutura a serem ajustados em instrumentos específicos e destinados a apoiar atividades de pesquisa, desenvolvimento e inovação, para atender às prioridades das políticas industrial e tecnológica nacional. (...) §2º-A. São instrumentos de estímulo à inovação nas empresas, quando aplicáveis, entre outros: (...) XII - previsão de investimento em pesquisa e desenvolvimento em contratos de concessão de serviços públicos ou em regulações setoriais.

[111] Lei nº 10.233, de 5 de junho de 2001, em seu artigo 11: "Art. 11. O gerenciamento da infraestrutura e a operação dos transportes aquaviário e terrestre serão regidos pelos seguintes princípios gerais: (...) XII – *estimular a pesquisa e o desenvolvimento de tecnologias aplicáveis ao setor de transportes*".

Assim, a previsão de estímulos à pesquisa e ao desenvolvimento de produtos, serviços e processos inovadores por meio de cláusula específica em contratos de concessão (comuns, patrocinadas ou administrativas) como propõe a lei de inovação configura um instrumento de fomento que não foi empregado nos casos em exame, não obstante todos os procedimentos licitatórios analisados tenham sido lançados à competição do mercado quando já vigente essa disposição legal.[112] O que justifica, contudo, essa omissão é a ausência do regulamento a que se refere o artigo 19, §1º, da lei, ao qual foi atribuída a definição das prioridades da política industrial e tecnológica nacional.

De toda forma, o fundamento do mencionado dispositivo quanto à possibilidade de estabelecimento contratual, em concessões, de cláusulas dispondo acerca do investimento em P&D&I, no âmbito da política estatal de fomento, se encontra em dispositivos constitucionais por meio dos quais o Estado brasileiro assume para si o *dever* de empregar *recursos orçamentários* ou de *fundos* e *agências de fomento* setoriais para garantir o fortalecimento da P&D&I tecnológicos, observadas as vedações específicas relativas ao manejo desses valores pecuniários, a que se refere o artigo 167 da Constituição. Todos os dispositivos constitucionais que dão suporte a esta política pública e que fundamentam expressamente a lei de inovação expressam a vontade estatal de fornecer incentivos à iniciativa privada para a aplicação de recursos em P&D&I tecnológico.

Portanto, ainda que pendente o decreto regulamentador a que se refere o artigo 19, §1º, da lei de inovações, é possível afirmar, a partir de todo o arcabouço constitucional que deu azo à mencionada diretriz legal, que contratos de concessão que se restrinjam ao estabelecimento *a priori* de imputação ao parceiro privado, às suas expensas, do dever de realizar os investimentos necessários em inovações tecnológicas, como expressamente se deu em ENTREVIAS e VIAPAULISTA, não se mostram alinhados com o arcabouço constitucional, legal e doutrinário até aqui examinado.

A observação ora lançada alcança também o projeto da EixoSP, veículo de inegáveis avanços, uma vez que trata o tema da incorporação de inovações tecnológicas antes como uma obrigação da concessionária,

---

[112] ENTREVIAS teve seu aviso de licitação e respectivo edital publicado em 5 de novembro de 2016, e republicado em 30 de dezembro de 2016; VIAPAULISTA teve seu edital publicado em 10 de março de 2017, e o edital de EixoSP é datado de 24 de julho de 2019, ao passo que a nova disposição do artigo 19, §2º-A, inciso XII, da lei de inovações, foi introduzida nesta lei por meio da Lei nº 13.243, de 11 de janeiro de 2016. Portanto, todos os certames são posteriores à positivação do dispositivo legal em questão, então recentemente introduzido no ordenamento jurídico.

na lógica da mera configuração do serviço adequado, do que como a *execução de uma política pública*, instaurada por meio de mecanismos de incentivos. O simples fato de que o projeto prevê que os respectivos ônus serão carreados ao parceiro privado, pela ausência da devida recomposição do EEF, já o demonstra.

Por fim, o fomento às inovações tecnológicas nas concessões de serviço público, em que caracteristicamente os investimentos esperados do parceiro privado são vultosos e de maturação de longo-prazo, deve ser visto ainda sob o aspecto de compromisso regulatório que contemple a segurança dos retornos almejados pelos investidores privados e a atratividade dos projetos concessionários para parceiros internacionais, cuja atração pelos órgãos governamentais em um cenário de restrições orçamentárias e de compressão do setor privado doméstico é essencial.

Isso significa que o risco de expropriação direta ou indireta pelo parceiro público dos ativos privados ou das projeções de rentabilidade precisa ser enfrentado (diga-se: mitigado).[113] Também sob esse aspecto, portanto, não se mostram aceitáveis previsões contratuais que atribuam ao parceiro privado obrigações com relevante grau de incerteza ou que determinem sua *sujeição* a ônus financeiros unilateralmente decididos pelo parceiro público.

Acresça-se ainda que o imperativo da *modicidade tarifária* implica por si só um limite negativo para o custeio de tais ônus financeiros por meio da política tarifária, o que reclama o afluxo de recursos orçamentários ou de fundos ou agências de fomento.

A mencionada previsão de investimentos em pesquisa e desenvolvimento por cláusula específica em contrato de concessão, objeto da recente alteração na lei de inovação, não constitui novidade no cenário brasileiro. O setor elétrico, há duas décadas, convive com determinação neste sentido e sua experiência constitui uma boa prática que pode balizar o fomento para o desenvolvimento de novas tecnologias no setor rodoviário. Naquele setor foi instituído o Programa de Pesquisa

---

[113] Vide, neste sentido, COUTINHO, *op. cit.*, em seu capítulo 2, ao analisar *alguns desafios da regulação no subdesenvolvimento*, em que o autor recorre à literatura internacional para o seguinte registro: "*Utilities* are fragile industries. A large proportion of their assets are sunk, their technology exhibits, in general, important economies of scale, and their customers comprise the voting population of the city or state. Their pricing will always attract the local politician's interests. Such political sensitiviness to their prices implies that regulatory discretion increases the risk of industry capture or administrative expropriation, as regulators could (...) undertake various administrative actions so as to set prices below long-run average costs, *de facto* expropriating the companies' sunk investments".

e Desenvolvimento,[114] a partir da Lei nº 9.991, de 24 de julho de 2000, cujo financiamento se dá por meio da aplicação de 1,0% da receita operacional líquida anual de empresas concessionárias, permissionárias e autorizatárias do setor. Da totalidade dos recursos arrecadados parte substancial é destinada ao Fundo Nacional de Desenvolvimento Científico e Tecnológico (FNDCT) e pode financiar atividades desenvolvidas sob o arcabouço do CNPq.

Dentre as regras que regulamentam a escolha dos projetos cabe um destaque especial para a delegação a um *comitê gestor* das atividades de escolha e acompanhamento dos projetos apresentados, com foco nos seus resultados potenciais. Além disso, antes de sua aprovação, os projetos são submetidos a análise quanto à razoabilidade dos custos envolvidos, a fim de verificar o potencial de viabilidade econômica para o projeto ou para o produto a ser desenvolvido.

Esta conduta adotada no setor elétrico pode servir de parâmetro para sua adoção em outros setores, como prática altamente recomendável.

3.2.1 Conclusão parcial

Em suma, o fomento à pesquisa e desenvolvimento trata-se de um *poder-dever* que decorre do texto constitucional que atribui aos entes federados papel central na promoção do desenvolvimento científico, pesquisa, capacitação científica e tecnológica e inovação no país. Portanto, o cumprimento desse poder-dever alcança todos os órgãos governamentais, com o direcionamento de recursos orçamentários, de fundos específicos ou de agências setoriais.

No que diz respeito aos serviços públicos concedidos, a inovação deve ser objeto de incentivo específico ao parceiro privado, em conformidade com as normas e regulamentos setoriais, por força da função indutora que o Estado tomou para si no texto constitucional, ainda que o dispositivo legal recentemente introduzido na lei da inovação, que determina que os contratos de concessão tenham uma regulamentação

---

[114] O programa possui fundamento na Lei nº 9.991, de 24 de julho de 2000, que estabelece política de fomento para investimentos em pesquisa e desenvolvimento e em eficiência energética por parte das empresas concessionárias, permissionárias e autorizadas do setor de energia elétrica, e que foi regulamentada pelo Decreto nº 3.867, de 16 de julho de 2001, e pela Resolução Normativa nº 754, de 13 de dezembro de 2016, e conta com ampla publicidade, como pode ser verificado no sítio eletrônico da ANEEL, em: http://www2.aneel.gov.br/cedoc/ren2016754.pdf.

específica de investimentos em P&D&I, não tenha ainda sido regulamentado no que diz respeito às prioridades das políticas industrial e tecnológica nacional.

A inovação tecnológica pode ser operacionalmente viabilizada pelo próprio Poder Público, pela própria concessionária ou por terceiros, encontrando-se no arcabouço jurídico-institucional a possibilidade de execução de políticas de fomento de *startups* voltadas para soluções para problemas específicos do Poder Público ou dos serviços concedidos, que podem ser objeto de procedimentos modelados na forma de *pitchs*.

Além disto, uma boa prática que pode ser também adotada no setor rodoviário consiste na inserção de cláusula específica na minuta contratual da concessão de serviços públicos, como previsto no setor elétrico, em que se destaca a vantagem de já *ex ante* haver a definição do volume de recursos financeiros que devem ser aplicados pelo parceiro privado em pesquisa e desenvolvimento. Essa regulação possibilita que os encargos correspondentes possam ser precificados quando da elaboração do plano de negócios. Outros destaques do programa de P&D&I no setor elétrico são a atribuição da escolha dos projetos de destino dos recursos a um comitê gestor, e após criteriosa análise do projeto pretendido e de seus potenciais benefícios, inclusive segundo o aspecto da razoabilidade dos custos envolvidos.

Da mesma forma que naquele setor os recursos levantados são majoritariamente destinados a um fundo de fomento (FNDCT), os programas de concessão do Estado de São Paulo poderiam utilizar um órgão já existente na estrutura organizacional estadual, como a Fundação de Amparo à Pesquisa do Estado de São Paulo (FAPESP), que poderia ser a destinatária desses recursos, para a sua aplicação *vis-à-vis* como previsto no setor elétrico, com as adaptações que o setor rodoviário paulista reclame.

Por fim, o poder concedente tem ao seu alcance como instrumento de fomento às novas tecnologias a própria política tarifária, todavia neste caso deve ser observado o limite da modicidade tarifária, de forma a não gerar custos vultosos, que não compensem os benefícios que estarão à fruição do serviço e dos usuários. Alternativamente, o financiamento desta política de fomento pode ficar a cargo de recursos orçamentários específicos previamente destinados a essa finalidade.

Em suma, o que deve sempre ser lembrado é que a promoção da inovação em contratos de concessão configura política pública de interesse estatal e, por esta razão, o parceiro privado deve ser incentivado à realização dos investimentos correspondentes. Assim, a garantia da manutenção do EEF do projeto, com a sua devida recomposição em razão dos investimentos realizados pelo contratado na incorporação de novas tecnologias, consubstancia *incentivo* que não pode ser negligenciado.

3.3 A matriz de riscos contratual e os riscos de atualização tecnológica e de inovação tecnológica

A lógica que subjaz à alocação contratual de riscos em contratos administrativos é a da busca da eficiência econômica na execução do objeto contratado, segundo o parâmetro dos riscos verificáveis à época da modelagem do ajuste, e que contemple tanto aqueles riscos desejáveis, ou seja, que se pretende que venham a se materializar, como aqueles em que se deseja afastar a possibilidade de sua ocorrência no curso da execução contratual, com a sua distribuição à parte que melhor tenha condições de gerenciá-lo no sentido pretendido, induzindo sua materialização ou evitando a sua ocorrência, ou, ainda, mitigando as suas consequências.[115] A importância dessa devida alocação de riscos nos contratos de longo prazo decorre do fato de que a equação econômico-financeira, a ser mantida durante a vigência do contrato, deriva da matriz de riscos contratualmente estabelecida.

A forma de recomposição desta equação será objeto de abordagem efetuada no subitem 3.4 do presente capítulo, porém, antes de adentrarmos o tema da alocação de riscos relativos às novas tecnologias em um contrato de concessão e a recomposição do EEF na hipótese de sua materialização, ora convém que seja proposta uma sistematização necessária, a fim de que em sequência se faça possível apontar os contornos para sua alocação a partir dessa lógica de eficiência subjacente.

3.3.1 Inovação tecnológica e seus efeitos positivos ou negativos no objeto concedido

Um ponto que merece ser destacado diz respeito aos efeitos esperados que a inovação tecnológica que se tenha em vista venha a

---

[115] Na literatura jurídica pátria, mencione-se, por todos, RIBEIRO, Maurício Portugal. *Concessões e PPPs*: melhores práticas em licitações e contratos. São Paulo: Atlas, 2011, capítulo III.5 (acessado na versão digital, disponibilizada pelo autor em: http://www.portugalribeiro.com.br/ebooks/concessoes-e-ppps/). Na literatura internacional, cite-se DELMON, Jeffrey. *Public-Private Partnership Projects in Infraestructure* – An Essencial Guide for Policy-Makers. 2. ed. Washington D.C.: The World Bank, Cambridge University Press, 2017, capítulo 7.

produzir, para fins de alocação de riscos. A inovação pode ser, sob a ótica do projeto concedido, *desejável*, porque trará melhorias ao serviço prestado, simplificação de processos ou redução de custos, etc. Mas também pode ser *indesejada*, porque produzirá efeitos adversos à sobrevivência do projeto concedido, por exemplo porque ofereça nova forma de acesso à fruição da utilidade, em *by-pass* do serviço concedido que levará à sua *perda* de utilidade.[116]

Cada um desses, digamos, *tipos* de inovações tecnológicas, a partir de seus *efeitos para o projeto*, conforme desejados ou não, implicará uma análise apropriada que permita uma alocação racionalmente fundamentada segundo os incentivos positivos ou negativos que o modelo do projeto deverá contemplar. Assim, a ressalva que é feita neste subitem tem o objetivo de destacar que o segundo tipo de inovações tecnológicas mencionado, aquelas *indesejadas* pelo projeto concessionário porque os efeitos delas resultantes são adversos ao negócio, *não* integram as análises efetuadas no presente trabalho, que se restringe às novas tecnologias que produzirão efeitos *positivos* para o projeto.

3.3.2 Uma tipologia necessária: distinguindo risco tecnológico, risco de atualização tecnológica e risco de inovação tecnológica

A partir das observações inicialmente efetuadas quando da análise dos contratos examinados e das diferentes expressões que

---

[116] Imagine-se que, por hipótese, no setor de energia, inovação tecnológica superveniente venha a reduzir substancialmente os custos de obtenção, fornecimento e fruição de formas alternativas de energia em determinada região de forma a facilitar o seu pronto acesso pelo destinatário final, tornando obsoleto o objeto de um contrato de concessão que tenha por objeto a distribuição de energia elétrica para a região. Com base na literatura especializada se pode concluir que efeitos negativos ao projeto concedido são mais facilmente visualizáveis em setores fortemente sensíveis às inovações tecnológicas. Neste sentido, Ribeiro ilustra com o setor de tecnologia da informação, desta forma: "Problema especialmente complicado se põe naqueles setores em que a rapidez da evolução tecnológica exige mudança nas características mais peculiares do serviço para o cumprimento dos seus objetivos. Exemplo é o caso dos serviços na área de tecnologia de informação, onde, muitas vezes, em curto período, um serviço se torna obsoleto e tem seus objetivos atingidos por outros serviços disponibilizados pelo desenvolvimento de novas tecnologias". Por essa razão o autor faz referência a debate existente no cenário internacional acerca da conveniência e dos ganhos de eficiência na formalização de contratos de PPP nesse setor e à conclusão do PUK Partnership UK segundo a qual não valeria a pena a realização de PPP na área de TI em razão das dificuldades decorrentes da acelerada evolução desse setor e da necessidade de manutenção do EEF do contrato de concessão. RIBEIRO, Maurício Portugal; PRADO, Lucas Navarro. *Comentários à Lei de PPP* – Parceria Público-Privada – Fundamentos Econômico-Jurídicos. São Paulo: Malheiros Editores, 2007, p. 134.

usualmente são empregadas como referidas a novas tecnologias ou aos desenvolvimentos a elas pertinentes, ou ainda a seus efeitos, se nota a necessidade de que seja estabelecida alguma tipologia para os riscos pertinentes ao tema, segundo os efeitos e os riscos que o desenvolvimento da tecnologia possa representar para o projeto e, assim sendo, passar-se-á a uma proposta como ora se expõe.

O primeiro destaque é feito para o *risco tecnológico*, que possui conceituação específica no arcabouço legal brasileiro a partir de recentes alterações que foram introduzidas na lei de inovação, por meio da Lei nº 13.243, de 11 de janeiro de 2016, regulamentada pelo Decreto nº 9.283, de 7 de fevereiro de 2018. Trata-se de risco presente na encomenda tecnológica, fomentada pelo Poder Público com fundamento no artigo 20 da lei de inovação e que pode ser objeto de contratação junto ao mercado por procedimento de dispensa de licitação, na forma do artigo 24, inciso XXXI, da lei de licitações e contratos administrativos. Esse risco é conceituado pelo regulamento como a *'possibilidade de insucesso no desenvolvimento de solução, decorrente de processo em que o resultado é incerto em função do conhecimento técnico-científico insuficiente à época em que se decide pela realização da ação'*.[117] Portanto, diante da conceituação específica a ele conferida pela legislação aplicável, fica aqui esclarecido que os riscos analisados neste trabalho não se confundem com o risco tecnológico.

Já acerca do *risco de atualização tecnológica* e do *risco de inovação tecnológica*, a sua distinção decorre da análise etimológica que constou do subitem 2.8, no terceiro destaque ali efetuado, em que se reconhece que o que é *novo* (o *resultado* da inovação) *é atual*, sem que se possa afirmar que o inverso seja verdadeiro, o que demonstra que estamos a falar de riscos distintos. Da mesma forma, os vocábulos *atualidade* e *inovação*, acrescidos do predicativo *tecnológica*, darão ensejo a riscos também distintos entre si.

Assim, o *risco de atualização tecnológica* aponta para a possibilidade de que venha a ser necessária a adoção de uma outra coisa (equipamento), processo ou técnica em substituição àquela até então adotada e que ora se encontra alcançada pela obsolescência.[118] Já o *risco de inovação tecnológica* consiste na possibilidade de introdução de novidade ou aperfeiçoamento no ambiente produtivo e social (de natureza

---

[117] Decreto Federal nº 9.283, de 7 de fevereiro de 2018, artigo 2º, inciso III.
[118] Em linha com a conceituação já inferida da EixoSP, no capítulo 2, subitem 2.7.1, desta dissertação.

tecnológica) que resulte em novos produtos, serviços ou processos ou que compreenda a agregação de novas funcionalidades ou características a produto, serviço ou processo já existente que possa resultar em melhorias e em efetivo ganho de qualidade ou desempenho.[119]

Passaremos, portanto, a discorrer acerca da alocação do risco de inovação tecnológica e do risco de atualização tecnológica em contratos de concessão rodoviária, a partir da doutrina consolidada, com vistas à otimização da eficiência contratual segundo os incentivos que deles se possa extrair para a modelagem do ajuste.

3.3.3 Alocação dos riscos de atualização tecnológica e de inovação tecnológica para RIBEIRO e para DELMON[120]

Em sua proposta exemplificativa de matriz para alocação de riscos Ribeiro[121] não faz a distinção que o presente trabalho propõe no subitem anterior. Antes, o autor trata conjuntamente a obsolescência e a inovação técnica e tecnológica, descrita como o risco de que o contratado não consiga manter o serviço atualizado tecnologicamente. A fim de mitigar esse risco o autor sugere como medida que o Poder Público faça a especificação adequada do nível dos serviços, porque neste caso a decisão pela renovação tecnológica para o alcance dos níveis de desempenho será uma decisão do parceiro privado. Não há sugestão quanto à sua alocação, que para o autor constitui matéria sujeita à disciplina contratual que cada caso reclame.

---

[119] Conceito proposto a partir da definição legal de *inovação tecnológica*, referida no capítulo 2, subitem 2.8, desta dissertação, na nota de rodapé nº 86.

[120] É bem provável que outros autores poderiam ter sido escolhidos para o exame desse tópico. Contudo, tendo tido acesso às mencionadas obras de ambos os autores citados, a escolha se assentou na *expertise* de cada um nas questões relativas à modelagem de contratos de infraestrutura e em especial aquelas relacionadas ao equilíbrio contratual, que fundamentam estudos e obras de ambos. Além disso, Ribeiro se situa como autor de relevo na doutrina brasileira para esta temática, já que suas obras e artigos usualmente constam como referência de diversas obras de outros autores. Já Delmon possui experiência específica no setor de PPPs como consultor no interesse de entes governamentais, investidores e credores, inclusive exercendo atividades de consultoria para projetos do Banco Mundial. Assim sendo, a experiência prática dos autores que se mostra estampada em suas obras foi determinante para a escolha que sobre ambos recaiu.

[121] RIBEIRO, Maurício Portugal. *Concessões e PPPs*: melhores práticas em licitações e contratos. São Paulo: Atlas, 2011, capítulo III, subitem 5.1.2.1 – Exemplo de matriz de riscos (acessado na versão digital, disponibilizada pelo autor no endereço http://www.portugal-ribeiro.com.br/ebooks/concessoes-e-ppps/).

Já Delmon[122] não chega a propor qualquer *standard* para alocação destes dois riscos discutidos objeto deste trabalho, todavia aponta que a pretensão do Poder Público pela celebração de contrato de parceria com o setor privado encontra suporte justamente na busca de tecnologia, inovação e *know-how*, dos quais a iniciativa privada, com todo o seu dinamismo, já dispõe ou pode vir a desenvolver com mais facilidade que o Poder Público. Isso inclui o acesso a habilidades e tecnologias indisponíveis para o Poder Público e que podem vir a ser desenvolvidas especificamente para o projeto em modelagem, graças ao alinhamento de incentivos que um projeto de parceria bem modelado pode produzir. E esse parece ser o ponto essencial para as conclusões a serem desenvolvidas no presente trabalho: a lógica econômica que motiva a concessão de serviços públicos, por meio de contratos sujeitos a índices de performance é o fato de que os investidores privados terão maiores incentivos para investir tanto no serviço quanto nas inovações tecnológicas durante a vida do projeto.

3.3.4 Alocação dos riscos de atualização tecnológica e de inovação tecnológica nas melhores práticas internacionais segundo recomendação da GI Hub

A *Global Infrastructure Hub Ltd. (GI Hub)*, entidade sem fins lucrativos constituída pelo fórum de cooperação econômica internacional *Group of Twenty (G20)*, com a finalidade de fomentar projetos de infraestrutura de qualidade e negociáveis no cenário internacional produziu matrizes de risco de referência[123] para a implantação de projetos por meio de contratos de PPP em diversos setores, inclusive o rodoviário,[124] a título de *leading practices*, que são divulgadas pelo Banco Mundial.

---

[122] DELMON, Jeffrey. Public-Private Partnership Projects in Infrastructure – An Essential Guide for Policy-Makers. 2. ed. Washington D.C.: The World Bank, Cambridge University Press, 2017, p. 31.

[123] "Allocating Risks in Public-Private Partnerships", publ. em junho de 2016 e atual. em 12.03.2019, disponível em: https://ppp.worldbank.org/public-private-partnership/library/allocating-risks-public-private-partnerships.

[124] Os outros projetos acerca dos quais o estudo propõe alocação do *risco de tecnologia disruptiva* a título de recomendação são (a) rodovia com pedágio (DBFO), (b) aeroporto (DBFO), (c) VLT (DBFOM), (d) ferroviário (ROT), (e) porto (DBFO), (f) PV solar (BOO), (g) hidrelétrica (BOOT), (h) transmissão de energia (BOOT), (i) distribuição de gás natural (ROT), (j) dessalinização da água (BOOT), (l) distribuição de água (ROT) e (m) coleta, disposição, aterro e reciclagem de resíduos sólidos (DBFO). A proposta aloca esses e todos os demais riscos pertinentes a cada um desses projetos segundo se trate de sua implantação em mercados desenvolvidos ou em economias emergentes.

No setor de rodoviário a matriz proposta pelo *GI Hub* para um projeto de PPP *design-build-finance-operate* (DFBO) inclui o risco de tecnologia disruptiva, descrito como o risco de que uma nova tecnologia emergente substitua inesperadamente uma tecnologia estabelecida usada no setor de rodovias com pedágio, em definição análoga àquela anteriormente atribuída neste capítulo ao risco de inovação tecnológica (subitem 3.3.2), e que deve ser alocado, tanto em mercados desenvolvidos como nos mercados emergentes, ao parceiro público.

A fundamentação desta proposta é que '*o poder público contratante pode considerar a imposição de obrigações ao Parceiro Privado de adotar e/ou integrar-se às novas tecnologias de pedágio ou permitir outros desenvolvimentos previsíveis, como* (p. ex.) *carros autônomos*'. Como medida de mitigação desse risco o estudo aponta que o contratante deve fazer uma avaliação completa das tecnologias relevantes como parte do estudo de viabilidade do projeto para garantir que as tecnologias selecionadas sejam apropriadas às condições do projeto e testadas no mercado.

Já o parceiro privado, que poderá ser obrigado a operar de acordo com as melhores práticas do setor, que também podem impor a ele alguma obrigação de assumir melhorias na tecnologia, procurará mitigar a sua exposição potencial por meio de *parâmetros acordados* de *custo* e de *índices de melhoria*. Se superados esses parâmetros, a matriz deverá prever que o parceiro privado ficará isento do ônus extra, sem prejuízo de uma alteração do contrato.[125]

3.3.5 Conclusão parcial

Como já suficientemente exposto no decorrer deste trabalho, a tecnologia é necessária para o aprimoramento dos serviços e dos meios em que a prestação de serviços públicos concedidos se realiza. Contudo, o próprio desenvolvimento tecnológico pode vir a tornar o serviço obsoleto. Aqui se remete à distinção já apresentada entre os efeitos *positivos* ou *negativos* das tecnologias para a concessão, como

---

[125] No original, assim são propostas as medidas de mitigação: "The Contracting Authority should do a full assessment of relevant technologies as part of the project feasibility study to ensure that the selected technologies are appropriate to the conditions of the project and market tested. The Private Partner may be obliged to operate in accordance with best industry practice which may also impose some obligation on the Private partner to take on improvements in technology. The Private Partner will seek to mitigate potential exposure through agreed cost and improvement parameters, beyond which they will be entitled to relief as a variation".

apresentada no subitem 3.3.1 desta dissertação.[126] Dentre essas, o foco do presente trabalho reside nas atualizações e inovações tecnológicas por ele *'almejadas'*, isto é, aquelas que reforçarão o negócio estabelecido com reflexos em ganhos de eficiência, qualidade e/ou produtividade, que deverão ser compartilhados entre o poder público contratante, o parceiro privado e os usuários. Falamos neste trabalho, portanto, das tecnologias que serão *positivas* para o projeto.

Sob esse panorama, foram identificados dois riscos aos quais foram atribuídas as denominações[127] de *risco de atualização tecnológica* e *risco de inovação tecnológica*, que se distinguem entre si por conta da presença do caráter disruptivo da tecnologia, a característica de *novidade* presente nesse último, mas ausente naquele, que se configura com a mera *atualidade* ou *contemporaneidade* da tecnologia empregada.

Não obstante a prudente ressalva de toda a literatura especializada, segundo a qual a alocação de riscos deve ser cuidadosamente analisada a cada caso, conforme a natureza, a viabilidade econômica do projeto e os incentivos que a política pública atinente aos serviços concedidos possa apresentar para a iniciativa privada, ainda que em alguns riscos seja possível o estabelecimento *a priori* de padrões e melhores práticas, este trabalho caminha em direção ao apontamento de alguma recomendação de conduta quanto a essa alocação, que se possa extrair do arcabouço jurídico brasileiro como já paulatinamente exposto até aqui e conforme se apresentará quando da conclusão final do texto.

Antes de avançarmos, entretanto, é relevante ressaltar que a literatura especializada internacional pesquisada não apresenta distinção entre o risco de atualização tecnológica e o risco de inovação tecnológica que foram destacados no decorrer deste subitem, mas cuja diferenciação ao longo deste trabalho partiu da análise etimológica apresentada ainda no capítulo 2, subitem 2.8, em seu terceiro destaque.

De toda forma, já é possível adiantar que, ao menos em relação ao risco de inovação tecnológica, é recomendável a sua alocação ao poder público contratante porque a ele cabe a definição das tecnologias a serem empregadas na execução do contrato, conforme recomendam as melhores práticas internacionais.

---

[126] Confira-se também, no subitem 3.3.2, o exemplo ilustrativo trazido na nota de rodapé nº 116.
[127] No subitem 3.3.2.

3.4 A recomposição do EEF pelos investimentos em P&D&I

Uma vez que se reconheça a necessidade de alocação de riscos referentes à incorporação de novas tecnologias na matriz de risco do contrato ter-se-á como pano de fundo para a sua atribuição a preexistência do *poder-dever* do Poder Público na implementação da política pública de fomento à inovação: na hipótese em que o investimento no caso concreto possa ser razoavelmente suportado pelas tarifas, caberá ao contrato tratar este investimento como evento de desequilíbrio, ressalvado, evidentemente, o limite da modicidade tarifária para que o próprio projeto suporte o investimento correspondente.

O plano de negócios apresentado pelo licitante constitui, além de instrumento essencial para a análise da exequibilidade da proposta, também um instrumento hábil para a recomposição do EEF, mas que somente se justifica na hipótese em que o evento de desequilíbrio seja atribuído ao poder concedente. Já naquelas situações não previstas, que correspondam a novos investimentos que a concessionária incorpore no curso da execução, é recomendável que a recomposição do EEF se dê por meio da metodologia do fluxo de caixa marginal. Essa é a lição de Ribeiro acerca desse tema.[128]

O emprego dessa metodologia, ensina Ribeiro, possui a vantagem de não se atrelar à recomposição dos valores indenizatórios devidos quando da realização dos investimentos a parâmetros financeiros diversos, contemporâneos à época da licitação e da apresentação do plano de negócios. Mas neste caso lembra o autor que a minuta contratual deve prever a fórmula que permita estabelecer uma taxa de desconto[129] e adotar os custos de mercado[130] para o dimensionamento dos custos operacionais e de investimentos para que o novo investimento seja modelado quando da revisão contratual.

---

[128] RIBEIRO, Maurício Portugal. *Concessões e PPPs*: melhores práticas em licitações e contratos. São Paulo: Atlas, 2011, capítulo III.5 (acessado na versão digital, disponibilizada pelo autor no endereço http://www.portugalribeiro.com.br/ebooks/concessoes-e-ppps/).

[129] O autor aponta a possibilidade do emprego do Certificado de Depósito Interbancário (CDI) como taxa de desconto, mas ilustra ainda com a TJLP, utilizada na licitação objeto do Edital nº 001/2008, promovido pela ANTT, que foi adjudicado à VIABAHIA Concessionária de Rodovias S/A.

[130] O que significa dizer que serão inaplicáveis quer as tabelas referenciais advindas do sistema de preços do Poder Público, como por exemplo, o Sistema de Custos Operacionais de Obras – SICRO, utilizado pelo Nacional de Infraestrutura de Transportes (DNIT), como também o serão as referências originalmente previstas no plano de negócios.

O próprio autor aponta limitações que essa metodologia ainda possui: a primeira na hipótese em que a taxa de desconto prevista em contrato divirja da taxa de referência de rentabilidade estimada pela concessionária à época do certame, sendo aquela maior (resultando em aumento de rentabilidade do parceiro privado) ou menor (que resulta em diminuição da rentabilidade da concessionária) do que essa. Contudo, Ribeiro aduz que, pelo menos nos casos em que o Governo Federal utilizou essa metodologia, as taxas utilizadas têm sido menores que as de mercado, o que redundaria em enriquecimento sem causa do contratante. Porém, como a situação deriva de disposição contratual com a qual o licitante assente quando da celebração do contrato, o autor entende que estaria afastada eventual argumentação nesse sentido, por força da cláusula *rebus sic stantibus*.

Todavia, há uma segunda limitação da metodologia de fluxo de caixa marginal que Ribeiro aponta que parece ser plenamente aplicável em matéria de incorporação de novas tecnologias ao longo da concessão, acaso reconhecida como evento de desequilíbrio a ser recomposto por meio dessa metodologia, hipótese a que ora se referirá apenas como solução hipotética.

Trata-se da figura legalmente prevista da *onerosidade excessiva*,[131] pois, sendo a taxa de desconto contratual menor que a taxa de referência de rentabilidade estimada pelo concessionário originalmente, poderá vir a ocorrer hipoteticamente a situação de que diversos e sucessivos investimentos em incorporação de novas tecnologias irão, a cada vez, permitir a diluição no tempo da compensação devida pelo poder concedente à concessionária em razão de cada um desses eventos de desequilíbrio, e em cada uma dessas vezes a rentabilidade do projeto para o concessionário estará sendo reduzida em comparação com sua estimativa original.

As únicas soluções que o autor aponta para esta situação são a resolução contratual ou sua alteração consensual. Evidentemente, dentre essas soluções, a solução a ser priorizada é a preservação do projeto concessionário e a efetivação do interesse público que a partir da sua execução é realizado, com a introdução das alterações que o contrato reclame para isso. Isso posto, acaso adotada a solução hipotética referida, é recomendável que o poder concedente adote cautela, ao longo da vida da concessão, nas determinações de sucessivas inovações e atualizações tecnológicas a serem realizadas pelo concessionário, atento à possibilidade de que venha a ser configurada a onerosidade

---

[131] Código Civil, artigos 478 a 480.

excessiva que coloque em xeque a própria viabilidade econômica do ajuste pactuado e sua sobrevivência.

Por fim, a análise do regramento da metodologia do fluxo de caixa marginal nas minutas contratuais de ENTREVIAS, VIAPAULISTA e EixoSP se faz portanto necessária, sob a ótica dessas ressalvas apresentadas por Ribeiro quanto à eventual configuração de onerosidade excessiva em desfavor do concessionário, para que o contratante venha a adotar cautela já apontada.

Cabe à concessionária apresentar requerimento à ARTESP instruído com a estimativa do desequilíbrio efetivamente verificado em razão do ônus financeiro necessário para a incorporação de novos investimentos a serem objeto de aditamento contratual em revisão contratual consensual, para que possa ser elaborado o cálculo da recomposição do EEF naquelas hipóteses em que o contrato a contempla e que se dá pela metodologia do fluxo de caixa marginal e, caso se trate de investimentos já realizados, o requerimento deve estar acompanhado da comprovação dos gastos em que a concessionária tenha efetivamente incorrido, tudo conforme disposições específicas que constam de cada um dos três contratos examinados.[132]

Caso o evento (i.e., na nossa solução hipotética ora adotada, o investimento) ainda não tenha se realizado, deve ser apresentada a avaliação do eventual desequilíbrio futuro, por meio da demonstração circunstanciada dos pressupostos e parâmetros utilizados pela concessionária para a estimativa do impacto do evento de desequilíbrio sobre o seu fluxo de caixa.

Os contratos preveem a recomposição do EEF por meio da elaboração do fluxo de caixa marginal, em razão de eventos de desequilíbrio que não sejam decorrentes de atrasos ou antecipações dos investimentos previstos no plano original de investimentos (que contempla os investimentos previstos pela ARTESP para a implantação do projeto, inclusive para execução dos serviços correspondentes a funções de ampliação, que integram os serviços públicos delegados) nem do pagamento da outorga fixa estabelecida.[133]

---

[132] Subcláusulas 21.2.3, 21.2.4 e 21.2.5 das minutas contratuais de ENTREVIAS, VIAPAULISTA e EixoSP, respectivamente.

[133] Nessas hipóteses a recomposição se dará levando em consideração os valores originalmente atribuídos aos investimentos, bem como a Taxa Interna de Retorno (TIR) estabelecida no Estudo de Viabilidade Técnica e Econômica (EVTE) apresentado pela ARTESP quando da abertura do procedimento licitatório. Nesses casos deverá ser considerada, para cálculo da recomposição do EEF, a TIR calculada na data da materialização do evento, conforme cláusula 22.4.4.

Assim, ainda que os contratos não prevejam a recomposição do EEF para investimentos em novas tecnologias – a menos que suas incorporações decorram de determinação da ARTESP ou de modificação dos indicadores de desempenho –, acaso esses contratos hipoteticamente contemplassem a inclusão dos futuros investimentos na incorporação de novas tecnologias como eventos de desequilíbrio subordinados à recomposição do EEF por meio dessa metodologia conforme já disciplinada nos contratos para hipóteses específicas ali contempladas, esta recomposição consideraria os fluxos de caixa marginais, positivos ou negativos, e estes investimentos estariam sujeitos ao cálculo efetuado com base na diferença entre as situações com e sem o evento e os fluxos de caixa marginais necessários à recomposição do EEF.

Para tais hipóteses, seguindo o padrão adotado pela ARTESP nos contratos, o cálculo da recomposição do EEF do contrato pelos novos investimentos teria que considerar a Taxa Interna de Retorno (TIR) calculada na data da assinatura do respectivo termo aditivo modificativo.[134] Por fim, para fins de parâmetro para a taxa de desconto os três contratos adotam a taxa da venda de títulos do Tesouro com juros semestrais, a NTN-B (ENTREVIAS), ou a média dos últimos doze meses da taxa de venda desse título (VIAPAULISTA e EixoSP).[135]

Portanto, acaso adotada a por nós denominada solução hipotética, o risco apontado por Ribeiro, de que a taxa de rentabilidade estimada pela concessionária viesse a ser superior a esse parâmetro que já consta dos contratos para hipóteses outras, seria real, abrindo a possibilidade da configuração da onerosidade excessiva em desfavor do concessionário. Como aqui se trata de mera situação hipotética, a onerosidade excessiva não configura aqui um limite a ser observado, nos termos ora expostos, mas seu registro nesta dissertação se presta para ressaltar que essa circunstância deve ser observada diante de contratos de concessão em que a situação hipotética abordada se mostre presente.

Enfim, é o caso de perquirir se a incorporação de novas tecnologias deveria configurar evento de desequilíbrio e deveria assim ser considerado nos contratos em análise. Ora, a inovação tecnológica do objeto contratual demanda investimentos que não são calculáveis à época da licitação, e essa é razão suficiente para a sua configuração como eventos de desequilíbrio a serem devidamente recompostos. Ao discorrer acerca do necessário detalhamento da matriz de riscos nos

---

[134] Subcláusula 22.3.2.1 de cada uma das três minutas contratuais.
[135] Subcláusulas 21.4.4, de ENTREVIAS e VIAPAULISTA e 22.5.3 da EixoSP.

contratos de longo prazo, com a devida alocação de cada risco *ex ante*, seguindo orientação de racionalidade econômica para cada risco, mas que se encontra limitado pela impossibilidade do exercício de qualquer futurologia que permita a sua completa previsão sem incorrer em elevados custos de transação, Fernando Vernalha Guimarães assim se expressa acerca da atualização tecnológica:

> É certo, por outro lado, que o desenho de contratos de longo prazo de comportar a abertura necessária para não inibir eficiências que possam ser alcançadas com um detalhamento futuro acerca de expansões de infraestrutura e atualizações do serviço. Ou seja, a incompletude contratual, no mundo prático, deriva não apenas das razões indicadas acima, mas também pode ser estrategicamente desejada em função da otimização dos efeitos da regulação contratual nas relações de longo prazo. Assim se passa principalmente em relação à *atualização tecnológica* e ao desenho das expansões demandadas para a prestação do serviço. Essas expansões e atualizações demandam *investimentos que não são plenamente quantificáveis no momento da delegação*. Sequer é possível precisar os marcos temporais para que essas obrigações de investimento sejam implementadas ou mesmo delimitar a sua extensão. É comum que obrigações de investimento estejam, por exemplo, atreladas a gatilhos de demanda e que possam ser remuneradas por meio de reequilíbrio do contrato. (...) Em razão disso, um expediente desejável são as *revisões periódicas*, com a função de propiciar um retrospecto histórico da execução do contrato e confrontá-lo com as perspectivas das partes para os próximos períodos. Por meio dessas revisões (geralmente quinquenais) – que devem estar previstas em contrato –, são avaliados o advento de *novas tecnologias capazes de otimizar a prestação do serviço e a execução do contrato*; a conveniência de manutenção dos indicadores de serviços e a forma e a tecnológica para sua aferição; assim como a adequação da própria matriz de riscos.[136] (grifos nossos)

O presente trabalho caminha no mesmo sentido, em concluir pela necessidade de construção de matriz de risco que contemple a incorporação de novas tecnologias como evento de desequilíbrio, a ser recomposto pela metodologia do fluxo de caixa marginal. Antes, porém, um derradeiro ponto deve ser trazido. Ocorre que, como aponta

---

[136] GUIMARÃES, Fernando Vernalha. O Equilíbrio Econômico-Financeiro nas Concessões e PPPs: formação e metodologias para recomposição. In: MOREIRA, Egon Bockmann (Coord.). Tratado do Equilíbrio Econômico-Financeiro: contratos administrativos, concessões, parcerias público-privadas, Taxa Interna de Retorno, prorrogação antecipada e relicitação. 2. ed. Belo Horizonte: Fórum, 2019, p. 105.

Câmara,[137] a recomposição do EEF com reflexos na tarifa dos serviços é a forma costumeira, mas não é o único instrumento para esta finalidade e tampouco caracteriza os contratos de concessão[138] pesquisados do setor rodoviário paulista.

Na hipótese de desequilíbrio em desfavor do concessionário pode ser adotado em seu lugar o pagamento de indenização com o emprego de recursos orçamentários, a fim de preservar a sua modicidade. Da mesma forma, a prorrogação do prazo da concessão, sujeita à condição de que os índices de desempenho estejam sendo cumpridos pelo parceiro privado se mostra uma alternativa viável como metodologia para essa recomposição em razão dos novos investimentos realizados pelo parceiro privado na incorporação de novas tecnologias.

3.4.1 Conclusão parcial

A atualização tecnológica do objeto da concessão configura evento de desequilíbrio, devendo resultar na recomposição do EEF em razão dos novos investimentos não previstos originalmente – até porque inseridos no campo da incerteza, como caracteristicamente se dá nos contratos de concessão, que são naturalmente incompletos – para a incorporação de inovações tecnológicas. Para essa finalidade é recomendável, em conformidade com a melhor doutrina nacional, a adoção da metodologia do fluxo de caixa marginal, mas também que se busque identificar eventual configuração da onerosidade excessiva em desfavor do contratado, em razão do emprego da taxa de desconto contratualmente prevista para a elaboração dos cálculos do desequilíbrio provocado pela materialização dos sucessivos eventos de desequilíbrio ao longo da vida do contrato, recompostos por meio dessa metodologia.

Por outro lado, o afastamento desse advento somente será possível se as sucessivas incorporações de novas tecnologias forem diligentemente acompanhadas pelo poder concedente, quando da realização de cada uma das revisões periódicas previstas no contrato, a fim de verificar se as sucessivas reduções da estimativa de retorno

---

[137] CÂMARA, Jacintho Arruda. *Tarifa nas Concessões*. São Paulo: Malheiros, 2009, p. 171.
[138] Além da possibilidade da revisão tarifária, os três contratos apresentam uma gama de outras possibilidades para a recomposição do EEF, tais como a alteração do prazo contratual, alteração dos investimentos previstos, revisão dos valores de outorga previstos, dação em pagamento de bens, cessão de rendas patrimoniais, repasse ao contratante de custos atribuídos contratualmente ao contratado, alteração do prazo de exploração de receitas acessórias ou modificação das regras de compartilhamento, etc., conforme subcláusulas 23.1 e 23.2, de cada um dos contratos.

do privado frente à taxa de desconto contratualmente adotada não configurariam onerosidade excessiva. Acaso vislumbrada essa hipótese, é recomendável que a nova tecnologia pretendida seja abortada, com vistas à preservação do projeto e dos interesses coletivos que são por ele atendidos.

4 Considerações finais e conclusão

4.1 Considerações finais

A pesquisa documental e doutrinária demonstra que a política tarifária do serviço concedido deve refletir a política pública a cargo do poder concedente. Portanto, o tema das atualizações e inovações tecnológicas no curso da execução é caudatário da regulação que tenha sido estabelecida para o respectivo setor de atuação da iniciativa privada na prestação de serviços públicos.

No que diz respeito ao setor de rodovias o modelo regulatório majoritariamente adotado no Brasil é a regulação por contrato. A doutrina destaca que o setor rodoviário constitui um monopólio natural cuja concorrência *no mercado* é substituída pelo exercício da função reguladora da agência, no interesse dos usuários e da realização dos necessários ajustes que preservem a viabilidade do serviço e a sua continuidade. De fato, em texto em que é analisado o setor rodoviário sujeito à competência da União e regulamentado pela Lei nº 10.233, de 5 de junho de 2001, Guimarães afirma que:

> Do ponto de vista da supervisão da operação do concessionário é importante que as características da rodovia e o nível dos serviços considerados adequados sejam definidos com precisão no contrato de concessão. As características da rodovia e do nível dos serviços requeridos têm sido definidas no Plano de Trabalho (que compreende o conjunto de desenhos, instruções, especificações, metodologias e cronogramas que descrevem a linha de ação a ser adotada pela concessionária) e no Programa de Exploração da Rodovia (que especifica as condições em que os serviços e as obras concedidas serão explorados pelo concessionário e indica os investimentos a serem realizados ao longo do período da concessão), ambos partes integrantes do contrato de concessão.[139]

---

[139] GUIMARÃES, Eduardo Augusto. Regulação no Setor de Transporte Terrestre no Brasil. *In:* SCHAPIRO, Mario Gomes (Coord.). *Direito e Economia na Regulação Setorial.* São Paulo: Saraiva, 2009, p. 125-126.

Lembra o autor que a legislação federal mencionada exige entre as cláusulas essenciais do contrato de concessão a indicação do *volume de investimentos* e impõe ao contratado o dever de adotar as *melhores práticas* de execução de projetos e obras e de prestação de serviços, segundo as *normas e procedimentos técnicos e científicos* pertinentes, devendo utilizar, *sempre que possível*, equipamentos e processos recomendados pela *melhor tecnologia* aplicada ao setor.[140]

A exigência de previsão do volume de dispêndios pelos quais se obriga o concessionário se justifica em razão da necessária *calculabilidade* dos investimentos que deverá suportar. Aliás, a legislação exige a inclusão no contrato, como cláusulas essenciais, aquelas relativas ao *modo, forma* e *condições* em que a prestação de serviços se realizará durante a vigência do ajuste. Sob esse aspecto a lei de concessões paulista foi ainda mais precisa que a legislação federal, pois, além de alçar o modo, a forma e as condições ao âmago essencial do contrato de concessão, ainda arremata '*com a indicação, quando for o caso, de padrões de qualidade e de metas e prazos para seu aperfeiçoamento.*[141]

Portanto, *serviço adequado*, que atenda à condição de *atualidade* de seu objeto, será aquele executado segundo as especificações apresentadas *à época da licitação*. Todavia, em se tratando de contratos de longo prazo, que podem durar 20 ou 30 anos ou mais, em plena era da inovação tecnológica, não há mesmo que se cogitar de um detalhamento exauriente de todos os investimentos a serem realizados no curso da concessão; são contratos naturalmente incompletos, uma vez que esse detalhamento se mostra impossível ou sujeito a custos de transação elevados.

Assim, ao passo que a fixação dos níveis de serviço fornece os parâmetros necessários para que os licitantes elaborem seus planos de negócio e para que o contratado atenda ao dever de atualidade no decorrer da execução contratual, já no que diz respeito ao advento de novas tecnologias no curso da concessão a *incompletude* contratual é tanto mais manifesta, já que impossível a sua antecipação quando da modelagem e contratação do seu objeto.

Isto posto, diante de sua imprevisibilidade, o risco correspondente a essas inovações deve ser alocado ao parceiro público, conclusão essa que não exclui a possibilidade de que características próprias de determinado setor justifiquem a opção regulatória em outro sentido.

---

[140] Lei nº 10.233/2001, artigo 35, inciso IV c/c artigo 37, inciso III.
[141] Artigo 23, inciso II, da lei de concessões e artigo 8º, inciso II, da Lei Estadual nº 7.835, de 8 de maio de 1992.

4.2 Alocação do risco de atualização tecnológica e seus limites

O risco de atualização tecnológica do objeto concedido deve ser alocado ao parceiro privado, pela singela razão de que ele é o detentor da *expertise* necessária para o seu gerenciamento, atendendo desta forma à racionalidade econômica da distribuição dos riscos. Contudo, deve ser buscado um parâmetro razoável para o cumprimento desta obrigação. Dois são os limites identificáveis no decorrer na presente pesquisa: (a) é necessário que, em cada caso concreto, seja identificado o nível razoável de prestação dos serviços, aquele nível que o homem médio pode legitimamente esperar e que deve estar refletido nos indicadores contratuais de performance, de forma a verificar se a atualização se mostra necessária para a melhoria deste nível de serviço esperado; ou, em outras palavras, a atualização tecnológica dos serviços deve atender a um cálculo de razoabilidade, a fim de que os custos do investimento sejam compatíveis com o benefício social que advirá de sua aplicação; (b) na hipótese em que os custos do investimento venham a se refletir nas tarifas do serviço, a modicidade tarifária também constituirá limite a ser observado.

4.3 Alocação do risco de inovação tecnológica e seus limites

No que diz respeito ao risco de inovação tecnológica, que se refere à incorporação de tecnologia de natureza disruptiva no respectivo setor, a literatura nacional e internacional recomenda a sua alocação ao parceiro público.[142] E assim deve ser em razão de sua imprevisibilidade. Portanto, cada inovação tecnológica no decorrer do curso do contrato deve ser considerada evento de desequilíbrio, a ser recomposto por meio da metodologia do fluxo de caixa marginal, quando da realização das revisões periódicas previstas em contrato. Ainda assim, a incorporação de novas tecnologias deve atentar aos critérios de razoabilidade e proporcionalidade: será *razoável* a incorporação se estiver evidenciada a busca da *providência ótima* para o serviço concedido e somente estará atendido o critério da *proporcionalidade* se as competências discricionárias

---

[142] É o que se constatou nos contratos analisados, por exemplo, em relação à adoção do sistema *free-flow* nas praças de pedágio, que se sujeita à recomposição do EEF em conformidade com as disposições contratuais e como esclarecido pelas respectivas Comissões de Licitação, conforme destacado no item 2.5.2.

exercidas pelo poder concedente estiverem sujeitas à *extensão* e à *intensidade* estritamente necessárias para o alcance do fim público colimado, conforme demonstrado em *estudo objetivo* que comprove que as *vantagens* advindas para a concessão a partir da incorporação pretendida se equivalem aos correspondentes *ônus financeiros*.

4.4 Conclusão

A pesquisa desenvolvida na elaboração do presente trabalho e que teve por ponto de partida o exame de documentos licitatórios e contratuais[143] da 4ª rodada do programa de concessões do Estado de São Paulo no setor rodoviário conduzido pela ARTESP, acrescido de sua análise a partir das referências doutrinárias pesquisadas, indica que a evolução tecnológica se apresenta como um desafio para a execução de contratos de longo prazo que se destinam à prestação de serviços públicos. O progressivo avanço tecnológico reforça a característica de incompletude desses contratos e expõe os contornos das preocupações que devem condicionar sua modelagem.

A opção adotada pela ARTESP nos contratos de ENTREVIAS e de VIAPAULISTA contemplou a atribuição de direito potestativo ao contratante para a determinação de incorporação de novas tecnologias no curso da relação contratual, que foi objeto de detalhada análise a partir dos aspectos jurídicos envolvidos no tema. Mesmo no caso da EixoSP, em que foi revelada preocupação com o tema por meio da introdução de mecanismos para essa incorporação, a pesquisa logrou identificar elementos que não se amoldam à conduta recomendável a partir do exame da melhor doutrina.

Ocorre que a previsão de um direito potestativo ao poder concedente na imposição de incorporação de novas tecnologias fundamentada em uma relação de comando-controle não encontra suporte no Direito Administrativo brasileiro sob a perspectiva do seu atual estado de evolução doutrinária, já que paulatinamente se almeja privilegiar as relações pautadas pela consensualidade.

---

[143] Conforme já indicado nas notas de rodapé nº 5, 6 e 7. Ressalte-se que, como inicialmente apontado, a pesquisa a partir destes documentos teve por empuxo o fato de que o próprio setor já apontava o tema da incorporação de inovações tecnológicas como um destaque, dos projetos concessionários recentes do setor rodoviário paulista. O desenvolvimento da pesquisa trouxe, entretanto, a suspeita de que outros setores (como o setor de telecomunicações ou o setor de energia) talvez se mostrem mais suscetíveis às inovações tecnológicas do que o setor rodoviário e possibilitem a produção de interessantes pesquisas acadêmicas para o estudo da temática.

Neste sentido, a pesquisa doutrinária permite concluir que é recomendável que o projeto concessionário levado à competição do mercado contemple desde o início as condições que garantam a atualidade do serviço e que passam a compor a equação do equilíbrio econômico-financeiro do contrato. Assim, ao invés de se restringir à mera transcrição legal da obrigação de prestação de serviço adequado pelo concessionário, deve ser conferida densidade normativa e precisão para esta expressão.

Isso significa que o patamar do que venha a ser entendido como o nível adequado dos serviços e os critérios que perfaçam a sua condição de atualidade deve estar disciplinado nos regulamentos, no edital de licitação e no contrato e não sujeitos ao exercício *ex post* de algum direito potestativo do contratante. Esse é um reflexo da segurança jurídica e da intangibilidade da equação econômico-financeira da relação jurídica contratual.

Assim, a atualidade dos serviços prestados será configurada pelo cumprimento dos indicadores de desempenho. Se atingidos esses, o serviço é atual, como determina a lei de concessões, inclusive quanto à tecnologia empregada na prestação.

O posterior advento de novas tecnologias que devam ser incorporadas à prestação dos serviços deve estar subordinado à recomposição desta equação, cuja garantia as boas práticas recomendam que deva se dar nas revisões ordinárias por meio da metodologia do fluxo de caixa marginal. Contudo, a adoção dessa metodologia impõe cautela, em virtude do fato de que sua adoção diante de sucessivos eventos de desequilíbrio com posterior recomposição do EEF por essa metodologia pode vir a resultar em onerosidade excessiva em desfavor do concessionário.

Isso se deve à possível divergência entre a expectativa de retorno do contratado e a taxa de desconto prevista em contrato para o cálculo do desequilíbrio. Por este motivo, é recomendável que o Poder Público contratante, em nome da preservação do projeto, seja cauteloso na avaliação de cada uma das tecnologias cuja incorporação seja pretendida no decorrer da vida do contrato, a fim de avaliar seu efetivo impacto na produção de bem-estar social e mitigar o risco de que sucessivos eventos de desequilíbrio venham a resultar em onerosidade excessiva e potencial rescisão do contrato.

De toda forma, a promoção do desenvolvimento científico, a pesquisa, a capacitação científica e tecnológica e a inovação no país configuram um poder-dever que o Estado brasileiro tomou para si, e o emprego de recursos orçamentários, de fundos específicos ou de agências de fomento é hábil para essa finalidade. Nos serviços concedidos essa política pública deve se refletir em estímulos para o parceiro privado na direção da P&D&I tecnológica, por meio de incentivos específicos que devem estar previstos nas normas e regulamentos setoriais ou na regulação contratual.

Uma possibilidade para o enfrentamento deste poder-dever estatal é a inclusão em cláusula contratual específica da previsão de investimentos em P&D&I, como recentemente veiculado em alteração introduzida na lei de inovação, mas que já é uma boa prática empregada no setor elétrico, com a inegável vantagem da calculabilidade *ex ante* dos encargos a serem suportados pelo parceiro privado, pois o seu custeio para o fomento em P&D&I é previamente estabelecido em percentual de sua receita corrente líquida anual.

A adoção de medida análoga no setor rodoviário paulista possuiria a vantagem de enfrentar a incerteza acerca do impacto econômico que as tecnologias disruptivas possam significar para o projeto, além de possibilitar que sejam destinados recursos do parceiro privado para a agência de fomento à pesquisa local, a FAPESP, mas com o estabelecimento de teto previamente definido, mitigando o problema da incerteza identificado nos contratos de concessão analisados, em especial em ENTREVIAS e VIAPAULISTA. Evidentemente, a adoção de medida análoga neste setor implicaria ainda a necessidade de identificação de sua aderência aos interesses dos usuários dos serviços concedidos, a fim de conferir plena legitimidade da implantação desta política, diante do impacto que se verificaria nas tarifas, ainda que módico e predeterminado.

Outra boa prática que a pesquisa identificou e que pode ser utilizada na hipótese de se imputar às concessionárias de serviços públicos medidas de fomento à inovação é o estabelecimento de parcerias com *startups* voltadas para soluções para problemas específicos do Poder Público ou dos serviços concedidos, que podem ser objeto de procedimentos modelados na forma de *pitchs*, como já adotado pela concessionária dos serviços de saneamento básico do Estado de São Paulo.

Especificamente para a elaboração de uma matriz de riscos eficiente foram identificados dois riscos pertinentes ao tema enfrentado. O risco de atualização tecnológica, que deve ser alocado ao parceiro privado, que é quem possui a *expertise* necessária no respectivo setor econômico.

A pesquisa demonstrou ainda que as inovações tecnológicas podem ser definidas a partir de sua característica disruptiva, como expressamente se deu em EixoSP. Todavia, em ENTREVIAS e VIAPAULISTA, que não possuem uma definição específica e expressa, o que pode ser extraído do conjunto das normas contratuais e regulamentares é que as inovações tecnológicas podem se referir àqueles aprimoramentos que não são essenciais para o atingimento dos indicadores de desempenho, patamar que caracteriza as atualizações tecnológicas que as melhores práticas no cenário internacional recomendam que seja alocado ao parceiro público, tanto em razão de sua imprevisibilidade e tanto mais entre nós em decorrência do seu exercício da função governamental de fomento em P&D&I que o Estado brasileiro tomou para si.

Essa conclusão não desconsidera, contudo, que as inovações tecnológicas possuem como característica principal a potencial redução de custos na execução contratual, a partir de sua adoção no respectivo objeto do ajuste. Em hipóteses em que tal característica prevaleça, a adoção dessas novas tecnologias e a assunção dos seus encargos serão do interesse do próprio concessionário para o aperfeiçoamento do fluxo de caixa e realização de seu plano de negócios, o que justificaria a opção regulatória estabelecida nas normas do setor e em contrato de que o risco de inovação tecnológica seja a ele alocado, para o seu estímulo a essas inovações tecnológicas.

Há ainda um achado que adveio da breve análise efetuada acerca da P&D&I no setor elétrico: na hipótese em que seu custeio se dê por meio da política tarifária dos serviços concedidos, é recomendável que a incorporação de novas tecnologias seja precedida de profunda análise a cargo de uma junta técnica ou comitê multidisciplinar, para aferir a razoabilidade dos custos de modo a identificar se o bem-estar social a ser propiciado compensa os custos de sua implantação ou a alteração dos indicadores de desempenho do serviço em razão dessas tecnologias, também sob pena de que seja colocada em risco a modicidade tarifária.

Por fim, deve também ser destacado que, conforme o exame detalhado das expressões utilizadas nos documentos licitatórios demonstrou, a interpretação etimológica das disposições editalícias e contratuais pode não ser suficiente para a apreensão da real extensão dos termos empregados, uma vez que a pesquisa revelou que tais documentos podem não primar pelo rigor linguístico, utilizando indiferentemente expressões sinônimas ou assemelhadas, o que é indicativo de que a dificuldade de transposição para o contrato da disciplina das atualizações e inovações tecnológicas é real, e reside também já no próprio uso do vernáculo. Portanto, alguma simplificação dos termos empregados nos documentos da licitação e nos contratos é meta a ser ainda alcançada.

Eis o conjunto de conclusões que podem ser extraídas da pesquisa documental e doutrinária efetuada e de melhores práticas que podem ser objeto de recomendação para o setor rodoviário paulista, e cuja aplicação em outros setores relativos a serviços públicos concedidos à iniciativa privada por meio de parcerias pode também se dar segundo o apontem futuros estudos setoriais que analisem as especificidades de cada setor.

REFERÊNCIAS

ARAGÃO, Alexandre Santos. *Direito dos Serviços Públicos*. 3. ed. Rio de Janeiro: Forense, 2013.

ÁVILA, Humberto. *Teoria da Segurança Jurídica*. 5. ed. rev., atual. e ampl. São Paulo: Malheiros Editores, 2019

BANDEIRA DE MELLO, Celso Antônio. *Serviço Público e concessão de serviço público*. São Paulo: Malheiros, 2017.

BINENBOJM, Gustavo. *Uma Teoria do Direito Administrativo*: direitos fundamentais, democracia e constitucionalização. 3. ed. rev. e atual. Rio de Janeiro: Renovar, 2014.

CÂMARA, Jacintho Arruda. *Tarifa nas Concessões*. São Paulo: Malheiros, 2009.

COUTINHO, Diogo R. *Direito e Economia Política na Regulação de Serviços Públicos*. São Paulo: Saraiva, 2014.

DALLARI, Adilson Abreu; NASCIMENTO, Carlos Valder; MARTINS, Ives Gandra da Silva (Coord.). *Tratado de Direito Administrativo*. São Paulo: Saraiva, 2013.

DELMON, Jeffrey. *Public-Private Partnership Projects in Infraestructure* – An Essencial Guide for Policy-Makers. 2. ed.Washington D.C.: The World Bank. Cambridge University Press, 2017.

DE NEGRI, João ALBERTO; KUBOTA, Luis Cláudio (Org.). *Políticas de Incentivo à Inovação Tecnológica no Brasil*. Brasília: IPEA, 2008.

FERRAZ JR., Tércio Sampaio. *Introdução ao Estudo do Direito*: técnica, decisão, dominação. 11. ed. São Paulo: Atlas, 2019.

GUIMARÃES, Eduardo Augusto. Regulação no Setor de Transporte Terrestre no Brasil. In: SCHAPIRO, Mario Gomes (Coord.). *Direito e Economia na Regulação Setorial*. São Paulo: Saraiva, 2009.

HACHEM, Daniel Wunder; GABARDO, Emerson; SALGADO, Eneida Desiree (Coord.). *Direito Administrativo e suas Transformações Atuais, homenagem ao Professor Romeu Bacellar Filho*. Curitiba: Íthala, 2016.

ITO, Joichi; HOWE, Jeff. *Whiplash*: how to survive our faster future. Grand Central Publishing, Hachette Group, Inc: New York, 2016.

MOREIRA, Egon Bockmann. *Direito das Concessões de Serviço Público, inteligência da Lei 9.987/95 (Parte Geral)*. São Paulo: Malheiros Editores, 2010.

MOREIRA, Egon Bockmann (Coord.). *Tratado do Equilíbrio Econômico-Financeiro*: contratos administrativos, concessões, parcerias público-privadas, Taxa Interna de Retorno, prorrogação antecipada e relicitação. 2. ed. Belo Horizonte: Fórum, 2019.

MOREIRA NETO, Diogo de Figueiredo. *O Direito Administrativo no Século XXI*. Belo Horizonte: Fórum, 2018.

OLIVEIRA, Luiz Guilherme de Oliveira; SANTANA, Rafael Liberal Ferreira; GOMES, Vanessa Cabral. *Inovação no setor público*: uma reflexão a partir das experiências premiadas no Concurso Inovação na Gestão Pública Federal. Brasília: Escola Nacional de Administração Pública – ENAP, 2014.

PICCOLOTTO, Letícia; DOMINGUEZ, Guilherme. Entrevista concedida ao programa INFRACAST. *Podcast* disponível na plataforma de *streaming* Spotify, MARCATO, Fernando Scharlack; COHEN, Isadora (apresentadores), episódio nº 18.

RIBEIRO, Maurício Portugal. *Concessões e PPPs*: melhores práticas em licitações e contratos. São Paulo: Atlas, 2011.

SUNDFELD, Carlos Ari; CÂMARA, Jacintho Arruda. Atualidade do serviço público e reequilíbrio da concessão. *Revista de Direito Público da Economia – RDPE*, Belo Horizonte, ano 16, n. 61, p. 41-54, jan./mar. 2018.

WORLD BANK, "Allocating Risks in Public-Private Partnerships", ferramenta produzida pelo Global Infrastructure Hub (GI Hub), divulgado pelo Banco Mundial, publicado em junho de 2016, atualizado em 12 de março de 2019 e disponível em: https://ppp.worldbank.org/public-private-partnership/library/allocating-risks-public-private-partnerships.

Esta obra foi composta em fonte Palatino Linotype, corpo 10
e impressa em papel Pólen Bold 70g (miolo) e Supremo 250g (capa)
pela Gráfica Paulinelli.